AF359595

CATALOGUE N° 23

MONNAIES FRANÇAISES

DE CHARLEMAGNE A NOS JOURS

PRIX : 2 FRANCS

EN VENTE

Chez J. FLORANGE, Expert en Médailles

21, QUAI MALAQUAIS, 21

PARIS

1903

La conservation des pièces est indiquée scrupuleusement.

Les prix sont nets.

Les envois aux frais des acheteurs et payables à réception en un bon à vue sur Paris ou contre remboursement et, à défaut, par traite avec frais de recouvrement ajoutés au montant de la facture.

Pas de réponses aux demandes d'articles vendus.

———

Envois à vue de monnaies et médailles de tous pays, tant anciennes que modernes, aux clients de la maison qui en feront la demande.

———

MONNAIES FRANÇAISES

DE CHARLEMAGNE A NOS JOURS

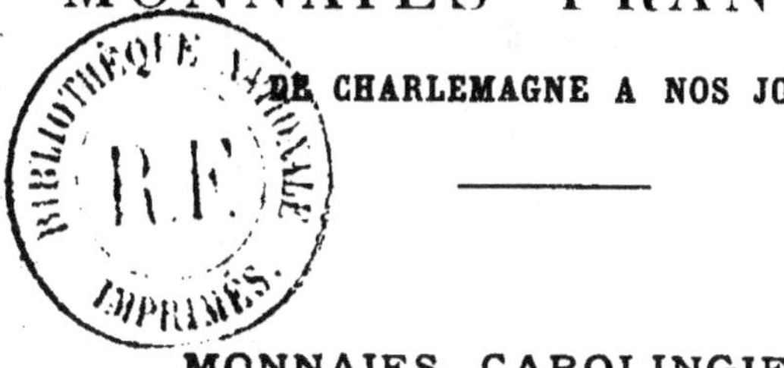

MONNAIES CAROLINGIENNES [1]

Charlemagne (768-814).

1 Bourges. Denier (Gar. 38, Charles le Chauve). *Exemplaire de la collection Henri Meyer* ...... TB. 10 »
2 Médoc. Obole .... B. 10 »
3 Melle. Denier au monogramme. B. 4 » — TB. 6 »
4 — Obole au monogramme remplissant tout le champ .... B. 5 »
5 Melle ou Mayence. Obole (Gar. VIII, 94) ... TB. 15 »

Louis Ier le Débonnaire (814-840).

6 Melle. Denier (Gar. XVI, 68). B. 6 » — TB. 10 »
7 — Obole (Gar. XIV, 5) .... B. 8 »
8 Milan. Denier (Gar. XVII, 80) .... TB. 20 »
9 Paris. — (Gar. XVII, 92) .... B. 15 »
10 Pavie. — (Gar. XVII, 95) .... B. 16 »
11 Trèves. — (Gar. XIX, 137 var.). Pièce douteuse (genre Becker) .... TB. 20 »
12 Denier au temple chrétien .... TB. 3 »
13 Obole au temple chrétien .... TB. 8 »
14 Imitation wende. Denier (Gar. XLIV, 40) ... TB. 4 »

---

1. Les nᵒˢ entre parenthèses se rapportent à Gariel, *Monnaies royales de France sous la race carolingienne.*

Charles le Chauve (840-875).

15 Amiens. Denier au monogramme . . . . TB. 15 »
16 Arras.   —   B. 10 » — TB. 15 »
17 Bayeux. Denier au mon. (Gar. 46). B. 12 » — TB. 15 »
18 Beauvais.   —   (Gar. 42)... TB. 30 »
19 Blois. Denier au monogramme . . . . B. 4 »
20 Bourges. Denier au buste (Gar. 44). . . . . B. 50 »
21 Chartres. Denier au monogramme . . . . TB. 10 »
22 Clermont-Ferrand. —   . . . . TB. 18 »
23 Laon.   —   . . . . TB. 8 »
24 Le Mans.   —   . . . . TB. 4 »
25 Melle.   —   . . . . TB. 3 »
26   —   Obole au grand monogramme . . . . B. 5 »
27 Orléans. Denier à la porte. . . . . TB. 10 »
28   —   Denier au monogramme . . . . TB. 5 »
29 Paris.   —   . . . . TB. 20 »
30 Quentovic.   —   . . . . TB. 10 »
31 Reims.   —   . . . . TB. 18 »
32 Rennes.   —   . . . . TB. 5 »
33 Roucy.   —   . . . . TB. 60 »
34 Rouen.   —   . . . . TB. 15 »
35 Saosnes.   —   . . . . TB. 3 »
36 Sens.   —   . . . . TB. 15 »
37 Toulouse.   —   . . . . TB. 20 »

Charles II, empereur (875-877).

38 Bourges. Denier (Gar. 88). . . . . TB. 12 »

Louis III (879-882).

39 Tours. Denier. . . . . B. 25 »

Charles le Gros (884-887).

40 Bourges. Denier........................... TB.   8   »
41 Nevers.   —   .... TB.   5   »
42 Obole au temple chrétien................. AB.   2   »

Eudes (887-898).

43 Angers. Denier........................... TB.   6   »
44 Blois.   —   .... TB. 10   »
45 Limoges. —   .... B.   2   »
46 Toulouse. —   2 variétés................ TB. à 10 »
47   —   Obole........................... TB. 10   »
48 Tours. Denier............................ TB. 12   »

Charles III le Simple (898-923).

49 Melle. Denier .... B.   1   »
50   —   Obole.............................. TB· 1   »
51   —   Obole à la croix................... B.   5   »
52 Metz. Denier (Gar. L. 48)................ TB. 65   »
53 Paris. — (Gar. LI, 55) .... B.   6   »
54 Strasbourg. Denier...................... TB. 20   »
55 Troyes.   —   .... B. 10   »

Raoul (933-936).

56 Orléans. Denier (Gar. LIV, 31)........... TB. 40   »
57   —   —   (Gar. LIV, 33) .... TB. 35   »
58   —   Obole (Gar. LIV, 35) .... AB. 20   »

Louis IV d'Outremer (936-954) ou Louis V le Fainéant (986-987).

59 Langres. Denier (Gar. LV, 10............. B. 20   »
60   —   —   (Gar. LV, 12)......... B. 16   »

Lothaire II, roi de France (954-986).

61 Bourges. Denier au monogramme avec **LOTERIVS** (Gar. LVI, 6 var.) . . . . TB. 12 »
62 Bourges. Même denier, avec LOTERIVS (Gar. LVII, 7) . . . . TB. 8 »
63 Bourges. Denier au temple. Plusieurs var. . TB. à 6 »

EMPEREURS CAROLINGIENS ÉTRANGERS

Lothaire Ier (817-855).

64 Denier au temple chrétien (Gar. LIX, 8) . . . . . B. 25 »
65 Duerstede. Denier (Gar. LIX, 17 var.) . . . . . . B. 15 »

Louis II, d'Italie (849-875).

66 Denier au temple chrétien. Plusieurs variétés. B. à 3 »
67 Obole au temple chrétien (Gar. XLV, 52 var.). TB. 15 »

Louis IV l'Enfant, roi de Germanie (900-911).

68 Strasbourg. Denier (Engel et Lehr, 27) . . . . . . B. 16 »

Lothaire II, roi d'Italie (945-950).

69 Pavie. Denier (Gar. LXV, 3) . . . . TB. 10 »

Henri l'Oiseleur, roi de Lorraine (923-936).

70 Salzbourg. Denier. *Exemplaire Meyer attribué sous réserve à Sarrebourg* . . . . TB. 25 »
71 Verdun. Denier. 3 variétés . . . . B. à 3 »

Conrad le Pacifique, roi de Bourgogne (937-993).

72 Lyon. Denier (Gar. LXVII, 3). 2 variétés.... TB. à 1 »

Othon I ou Othon II (936-973).

73 Cologne. Denier (Gar. LXVIII, 2) .... TB.   5 »
74   —   Autre denier varié. .... B.   8 »
75 Milan. Denier........................... B.   3 50
76 Strasbourg. Denier (Engel et Lehr, 63). Très rare.   40 »
77 Atelier indéterminé de l'Allemagne méridionale.
    Denier. *Exemplaire Meyer n° 545*........ B.   15 »

MONNAIES CAPÉTIENNES [1]

Hugues Capet et Hérivée, évêque de Beauvais (987-996).

78 Beauvais. Denier (9)......... B.   15 » — TB.   20 »

Hugues, fils de Robert (1017-1025).

79 Orléans. Denier. *Exemplaire Meyer*...... TB.   16 »
80 Orléans. Denier (7, Philippe I)............. B.   10 »
81   —   Obole. *Exemplaire Meyer* .... TB.   20 »

Henri Ier (1031-1060).

82 Paris. Denier (1). *Exemplaire Meyer*....... TB.   75 »

Philippe Ier (1060-1108).

83 Dreux. Denier (27)...................... B.   10 »

---

1. Les numéros entre parenthèses se rapportent à l'ouvrage de Hoff-mann, *Monnaies royales de France*.

84 Étampes. Denier (17)........................ B. 10 »
85 Mâcon. Obole à l'S (32). *Exemplaire Meyer*. TB. 55 »
86 — — à la croix (34). *Exemplaire Meyer*.
TB. 35 »
87 Orléans. Denier (9). *Exemplaire Meyer*..... TB. 15 »
88 — — (10). *Exemplaire Meyer*... TB. 20 »
89 Senlis. — (21)........................ B. 12 »
90 — Obole (22). *Exemplaire Meyer*....... B. 15 »

Louis VI (1108-1137).

91 Château-Landon. Denier (14)............... B. 3 »
92 — Denier. Pal accosté à g. d'une
croisette et à dr. d'une crosse (P. d'A., pl. II,
n° 12)..................................... B. 15 »
93 Dreux. Denier (16)....................... B. 5 »
94 — Obole (17).................... TB. 10 »
95 Étampes. Denier (6, Louis VII)............. B. 2 50
96 Montreuil. — (16)................... TB. 8 »
97 Nevers. — (22).................... TB. 3 »
98 — Obole (23) .... B. 6 »
99 Orléans. Denier (8)...................... B. 2 »
100 Paris. — (1 var.)................. B. 1 50
101 — — (3)..................... B. 10 »
102 Pontoise. — (5 var.).................. B. 2 50
103 — — (6)..................... B. 3 »

Louis VII (1137-1180).

104 Angoulême. Denier (18). Plusieurs variétés. B. à 1 »
105 — Obole.................... B. 2 »
106 Aquitaine. Denier (9)..................... TB. 20 »
107 Bourbon. Denier à la faucille (13).......... B. 15 »
108 — Denier à la tête (15).............. B. 12 »
109 Bourges. Denier à la tête couronnée de face (4).
B. 3 »

109bis Obole à la même tête (5). *Exemplaire Meyer*. TB. 50 »
110 Étampes. Denier (6)....................... B. 1 »
111   —   Obole (7). *Exemplaire Meyer*... TB. 25 »
112 Langres. Denier à la crosse (17)........... B. 7 »
113 Mantes. Denier (3)....................... B. 2 »
114 Paris.   —   (1)....................... B. 1 »

Philippe II, Auguste (1180-1223).

115 Arras. Denier (3)....................... B. 1 »
116 Laon.   —   (17)..................... TB. 8 »
117 Paris.   —   (1)..................... TB. 1 50
118 Péronne.—   (10)..................... B. 3 »
119 Saint-Martin de Tours. Denier (12)........ TB. 1 50
120 Tours. Denier (13)...................... B. 1 »

Louis VIII, le jeune (1223-1226).

121 Denier parisis (1)..................... TB. 1 50
122 Denier tournois (3)..................... B. 1 »

Louis IX, saint Louis (1226-1270).

123 Gros tournois (10)..................... TB. 5 »
124 Denier parisis (11)..................... B. 1 50
125 Denier tournois (13)..................... B. 0 50

Philippe III, le Hardi (1270-1285).

126 Gros tournois (5)..................... TB. 5 »
127 Denier tournois (8)..................... B. 1 »

Philippe IV, le Bel (1285-1314).

128 Gros tournois à l'O rond (5). Plusieurs variétés.
                         B. à 2 50 — TB. à 4 »

Louis X, le Hutin (1314-1316).

Philippe V, le Long (1316-1322).

Charles IV, le Bel (1322-1328).

154 Denier parisis (16)........................ B.   4   »
155 Maille noire (13) .... B.   5   »
156 Obole tournois..................... B.   20   »

Philippe VI, de Valois (1328-1350).

157 Écu d'or (3)............. TB.   25   » — FDC.   30   »
158 Lion d'or (6) .... FDC.   55   »
159 Pavillon d'or (8)...................... TB.   55   »
160 Double royal d'or (11)................... TB.   75   »
161 Chaise d'or (14) .... TB.   35   »
162 Gros tournois (20) .... TB.   5   »
163 Maille blanche (21 var.).................. TB.   4   »
164 Gros à la queue dit Poillevillain (22)....... B.   3   »
165 Gros à la couronne (25) .... TB.   3   »
166 Même pièce, étoile sous le châtel......... TB.   5   »
167   —   annelet de chaque côté de la cou-
    ronne et aux bouts des quatre bras de la croix
    du revers........................... B.   6   »
168 Autre variété avec FRANChORVM..... TB.   5   »
169 Gros blanc à la fleur de lis (29) .... B.   2   »
170 Double parisis (31, 38, 39 et 42). Plusieurs
    variétés................................ B. à 1 50
171 Denier parisis (35)....................... B.   2   »
172 Double parisis à la couronne (56)........... B.   2   »
173 Double tournois à la couronne (58)......... B.   2   »
174 Denier tournois noir (52)................. B.   5   »
175 Maille tournois (54) .... B.   8   »
176 Imitation de l'écu d'or par Louis de Bavière,
    empereur d'Allemagne................. TB.   28   »

Jean le Bon (1350-1364).

177 Mouton d'or (3)..................... FDC.   38   »
178 Royal d'or (8)..................... FDC.   35   »
179 Franc à cheval d'or (10).... B.   25   » — TB.   32   »

206 Imitation du petit parisis par le précédent (Saulcy
    IV, 5)............................... B   5 »

Charles V (1364-1380).

207 Franc à pied d'or (2).................... FDC. 25 »
208 Franc à cheval d'or (1)................. TB. 30 »
209 Gros tournois (6)...................... TB. 8 »
210 Blanc aux fleurs de lis (7)............. TB. 1 50
211 Denier parisis (8)..................... B. 1 50
212 Obole tournois (10).................... B. 2 50
213 Imitation du blanc par Charles d'Alençon, arche-
    vêque de Lyon (P. d'A. 5066).......... AB. 15 »
      Pièce se rencontrant très rarement en bon état.
214 Imitation du blanc par Robert, duc de Bar
    (Catalogue Robert, 1768).............. TB. 10 »

Charles VI (1380-1422).

215 Écu d'or (1)........................... TB. 20 »
216   —   frappé à Angers.................. B. 20 »
217   —   — à Chalon-sur-Saône....... TB. 25 »
218   —   — à Montpellier............. TB. 20 »
219   —   — à Paris................... TB. 22 »
220   —   — à Poitiers................ TB. 20
221   —   — à Saint-André-de-Villeneuve-lès-
    Avignon............................ TB. 25 »
222   —   — à Saint-Quentin........... B. 18 »
223   —   — à Tours................... TB. 20 »
224 Agnel d'or (3)......................... B. 25 »
225 Agnel d'or (4)......................... B. 40 »
226 Gros aux fleurs de lis. Bordure de 11 fleurs de
    lis et d'une croisette (14) 2 var......... TB. à 6 »
227 Autre variété. Bordure de 12 fleurs de lis (14).
                               B. 3 » TB. 5 »
228 Florettes frappées à Paris, Tours. etc. Les cou-

ronnes dans les 1ᵉʳ et 4ᵉ cantons de la croix
(17 var.)............................... TB. à 1 50

229 Autre variété frappée à Angers, etc. (17)... TB. à 1 50

230 Blancs dit Guénars frappés à Crémieu, La Rochelle,
Limoges, Mâcon, Mirabel, Paris, Romans,
Rouen, Saint-Pourçain, Toulouse, Tournay,
Troyes (22)..................... B. à TB. à 1 50

231 Demi-guénars frappés à Limoges, Montpellier,
Saint-Lô, Saint-Quentin, etc. (26). Plusieurs
variétés................................ B. à 2 »

232 Double tournois, Toulouse, etc. (31)........ B. à 1 50

233   —   dit Niquet, frappé à Paris,
Saint-Quentin, etc. (34)................. B. à 1 50

234 Deniers tournois (35 et 38)............... B. à 2 »

235   —   (39)..................... B. 4 »

236 Petit parisis (40).......................... B. 2 »

237 Obole (41)................................ B. 1 50

238 **Génes.** Patacchina (53). 2 var............. TB. à 6 »

239   —   Pièce de 6 deniers (54).............. AB 1 50

240 **Savone.** Petit denier (60)................ AB. 6 50

Henri V d'Angleterre (1415-1422)

241 Florette aux léopards frappée à Rouen (7). 2 var.
TB. à 12 »

242 Autre variété frappée à Rouen (8).......... B. 10 »

243 Double tournois, Rouen et Saint-Lô (11).... B. à 2 »

244 Denier tournois frappé à Rouen (12)........ B. 5 »

245 Gros de Calais........................... TB. 6 »

246 Demi-gros de Calais...................... AB. 2 »

Hénri VI d'Angleterre (1422-1453)

247 Noble d'or............................... TB. 35 »

248 Angelot d'or............................. B. 25 »

249 Salut d'or frappé à Rouen (3)............. TB. 25 »

250   —   à Saint-Lô.............. TB. 25 »

Charles VII (1422-1461)

275 Grand blanc à la couronne, Angers, Chinon,
Crémieu, Lyon, Orléans, Paris, Poitiers, Saint-
Lô, Saint-Pourçain, Toulouse, Tournay (36).
Selon la conservation et la rareté............ 1 à 3
276 Grand blanc à la couronne, Pont Saint-Esprit.
Rare.   B. 10 »
277 Petit blanc à la couronne, Montpellier et Paris
(38).................................... B. à 2 50
278 Grand blanc aux trois fleurs de lis, Chinon,
La Rochelle, Montferrand et Toulouse (39). B. à 3 50
279 Petit blanc de 5 deniers tournois, Chinon (44). B. 5 »
280 Double tournois au K couronné et placé entre
deux lis, Poitiers (49).................. B. 5 »
281 Double tournois au K placé au-dessus de deux
lis, Tours (53).......................... B. 3 »
282 Patard du Dauphiné, Crémieu, Romans et Montélimar (71). Selon la rareté et la conservation.. 2 à 4
283 Petit denier de Gènes (75).................. B. 5 »
284 Charles, duc d'Orléans. Denier au buste de saint
Secundus................................ B. 20 »

Louis XI (1461-1483)

285 Écu d'or au soleil, Limoges (1)............ TB 25 »
286 Gros de roi, Tournay (12)................ TB. 5 »
287 Grand blanc à la couronne, Angers, Bordeaux,
Châlons-sur-Marne, La Rochelle, Lyon, Montpellier, Paris, Poitiers, Romans, Saint-Lô,
Saint-Pourçain, Toulouse, Tournay et Tours
(15). Selon la conservation et la rareté...... 1 à 2
288 Grand blanc au soleil, Bordeaux, La Rochelle,
Lyon, Montpellier, Paris, Rouen, Saint-Lô,
Toulouse, Tournay et Tours (19). Selon la
conservation et la rareté................... 1 à 2
289 Grand blanc au soleil du Dauphiné, Romans
(24).................................... B. 4 »

290 Denier tournois (33)...................... B.   1 50
291 Liard au dauphin (36).................... B.   2 »
292 Maille tournois (39)..................... TB. 1 50
293 Louis, dauphin. Grand blanc frappé à Romans.
                                             B.   6 »

Charles VIII (1483-1498)

294 Écu d'or au soleil, Saint-Pourçain (2)....... B. 22 »
295 Écu d'or   —   Tours (2)............... B. 16 »
296 Blancs à la couronne, Angers, Châlons-sur-
     Marne, Paris, Poitiers, Saint-André-de-Ville-
     neuve, Saint-Quentin, Toulouse, Tournay,
     Tours, Troyes, Villefranche-en-Rouergue (11).
     Selon la rareté et la conservation......... 1 50 à 5
297 Blanc à la couronne frappé à Nantes et à Rennes
     (13)................................... TB. à 3 »
298 Carolus, Paris, Rouen, Toulouse, Tournay,
     Tours et Troyes (19)................... B. à 2 »
299 Petit Carolus (21)...................... B.   8 »
300 Carolus du Dauphiné, Crémieu, Mirabel, Tou-
     louse, etc. (22)...................... B. à 4 »
301 Carolus de Bretagne, Nantes et Rennes (23). B. à 3 »
302 Douzain du Dauphiné, Crémieu et Romans (24).
                                             B. à 4 »
303 Double tournois, Angers, Toulouse, etc. (29). B. à 2 »
304 Deniers tournois, Paris, etc. (30)........... B. à 1 50
305 Petit parisis (35)....................... B.   2 »
306 Hardi de Bretagne (37).................. B.   2 »
307 Hardi (38)............................. B.   1 50
308 Liard au dauphin de Bretagne (39)........ B.   2 »
309 Liard au dauphin, Angers, Rouen, Saint-Lô, etc.
     (40)................................... B. à 1 50
310 Denier bourdelois (42)................... B.   5 »
311 Denier de Pise (49)..................... B.   6 »
312 Cavallo de Naples (58). 2 var............ B. à 2 »

313 Cavallo d'Aquila (63, 64 et 66). Selon la conser-
    vation . . . .   3 à 5
314 Cavallo de Sulmona (68) . . . . B.   4   »
315   —   de Chieti (77) . . . . B.   5   »
316   —   de Sora (83) . . . . B.   6   »

Louis XII (1498-1515).

317 Écu d'or au soleil, Bayonne (1) . . . . B.   16   »
318 Même pièce, Lyon . . . . TB.   20   »
319 Même pièce, Saint-Pourçain . . . . TB.   22   »
320 Écu d'or pour la Provence (3) . . . . TB.   32   »
321 Écus d'or aux porcs-épics, Rouen, Toulouse, etc.
    (6) . . . . TB. à 25   »
322 Douzain à la couronne, frappé à La Rochelle,
    Paris et Saint-Lô (26) . . . . B. à 2   »
323 Même pièce frappée à Tarascon . . . . B.   10   »
324 Même pièce frappée à Troyes . . . . B.   4   »
325 Douzain de Bretagne (28) . . . . B.   3   »
326 Même pièce fr. à Tarascon (29) . . . . B.   10   »
327 Douzain de Provence fr. à Aix (30) . . . . B.   10   »
328 Même pièce fr. à Tarascon (30) 2 var. . . . . . . B. à 15   »
329 Autre variété fr. à Tarascon (31) . . . . B.   10   »
330 Douzain du Dauphiné, Montélimar (32) . . . . . B.   3   »
331 Douzain au porc-épic fr. à Paris (33) . . . . B.   10   »
332   —   —   de Bretagne, Nantes (37).
                                 TB.   15   »
333 Dizain à l'L couronné (39) . . . . AB.   1   50
334 Deniers tournois fr. à Rouen et à Tours (45). B. à 2   »
335 Hardi de France (49) . . . . B.   2   »
336 Hardi de Bretagne (50) . . . . B.   10   »
337 Asti. Parpaillole au porc-épic (59 var.) Pièce
    trouée . . . . TB.   25   »
338 Naples. Carlin au roi assis (77) . . . . TB.   40   »
339 Aquila. Sestino (78) . . . . B.   3   »
340 Milan. Ducaton au Saint Ambroise assis (88 var.).
                                 TB.   80   »

341   — Gros aux mêmes types (92 var.).... TB.   20   »
342   — Bisonne à la guivre (94).. B.   4   » TB.   6   »
343   — Demi-parpailloles à l'écusson (95, 96 et 97)
          3 var...................... B. à 6   »
344   Demi-parpaillole à l'L (98 et 99)..... B. à 5   »
345   — Patard (100)..................... TB.   3   »
346   — Demi-patard (102)................ B.   4   »
347 Gênes. Demi-teston (116 var.)............ B.   80   »
348   — Quart de teston (109).............. B.   50   »
349 Louis d'Orléans. Teston de Milan. Essai en
        cuivre.......................... B.   40   »
350 Louis d'Orléans. Grand blanc d'Asti (Promis III.
        10)......................... Usé 25   »

François Ier (1515-1547).

351 Écu d'or au soleil fr. à Lyon (1)............ TB.   20   »
352 Même pièce fr. à Bordeaux................ B.   25   »
353 Autre variété fr. à Lyon (2).............. TB.   20   »
354 Autre variété, Bayonne (4) 2 var. B. 18 » TB. à 25   »
355 Même pièce fr. à Lyon (4)................ B.   20   »
356 Même pièce fr. à Paris (4).... B. 18 » TB.   25   »
357 Même pièce fr. à Toulouse (4)........... TB.   20   »
358 Écu d'or à la croisette, Paris (12)........ TB.   30   »
359 Écu d'or du Dauphiné. Romans (19)....... B.   25   »
360 Autre variété fr. à Grenoble (20)......... TB.   30   »
361   — fr. à Romans (23)......... TB.   28   »
362 Écu d'or de Bretagne, Nantes (25)........ TB.   35   »
363 Teston à l'écusson couronné et placé entre deux
        F couronnés, Lyon (42)................ TB.   15   »
364 Demi-teston aux mêmes types, Lyon (43)... B.   8   »
365 Teston de Bretagne, Nantes (45) 2 var...... B. à 25   »
366 Demi-teston de Bretagne (46)............. B.   25   »
367 Teston à l'écusson du n° 363, Dijon ou Toulouse
        (49 var.)....................... B.   25   »
368 Teston du Dauphiné, Crémieu (52 .... B.   10   »

369 Teston à l'écusson dans un épicycloïde, Paris
(59)...................................... TB.   15   »

370 Autre variété......................... B.   10   »

371 Demi-teston aux mêmes types, Paris..... TB.   15   »

372 Demi-teston aux mêmes types, Rouen (62).. B.   10   »

373 Demi-teston aux mêmes types, Tours (63, teston)
Exemplaire Meyer...................... B.   25   »

374 Autre variété (Couronnelle) FRACISCVS :
D : GRA : FRACOR : RE : SIT ⚜, et point
sous l'S de FRACISCVS.............. B.   65   »

375 Teston, Paris (61, 1/2 teston-Saulcy, 204 var.) B.   20   »

376 Demi-teston (62)....................... B.   8   »

377 Teston fr. à Rouen..................... B.   10   »

378 Demi-teston, Rouen (Saulcy, 245)........ AB.   8   »

379 Teston de Bretagne, Rennes (71). Exemplaire
Meyer............................. TB.   60   »

380 Demi-teston de Bretagne, Rennes (72)...... B.   65   »

381 Teston de Bretagne, Rennes (74). Exemplaire
Meyer............................. B.   50   »

382 Teston au buste radié, Lyon (81)........... B.   12   »

383 Demi-teston. Mêmes types (82)........... TB.   20   »

384 Teston au buste barbu et radié, Tours (84).
Exemplaire Meyer...................... B.   20   »

385 Douzain à la couronne avec P : C :, Aix (92 var.).
Très rare................................ B.   30   »

386 Douzain à la couronne, Dijon (92)......... B.   3 50

387   —   Limoges (92)....... B.   3   »

388   —   Marseille (Saulcy, 318).
Rare............... B.   15   »

389   Rouen et Saint-Lô (92).
2 p............. B. à 3   »

390   —   Tours .... TB.   1 50

391 Douzains de Bretagne, Nantes et Rennes (97). B. à 3   »

392   —   —   Inédit.............. B.   25   »

393 Douzains du Dauphiné, Crémieu (2 variétés),
Montélimar et Romans (99 et 100)....... B. à 4   »

Henri II (1547-1559).

119 Double Henri d'or, 1558, Rouen (26)..... TB. 100 »
120 Henri d'or, 1552, Tours (27)............... TB. 65 »
421 Teston au buste couronné, 1550, Paris (32). B. 12 »
422 Demi-teston au même buste, 1551, Paris (34). B. 5 50
423 Teston au même buste, 1554, Moulins...... B. 8 »
424   —   —   1552, Lyon,........ B. 10 »
425   —   —   1554, Dijon....... TB. 15 »
426 Teston frappé au Moulin de Paris, sans date (52).
                                        TB. 15 »
427 Autre variété, 1552 (54)................. B. 10 »
428 Demi-teston fr. au Moulin de Paris, 1554 (58).
                                        TB. 20 »
129 Teston au buste nu et cuirassé, 1552, Paris
    (35 var.)........................... TB. 15 »
130 Autre variété, 1553, Poitiers............. B. 5 50
431   1557, Lyon................ B. 6 »
432   1559, Rouen .... B. 8 »
433   1559, Bordeaux (63, 1 2 teston). TB. 10 »
434   1559, Nantes.............. B. 5 »
435   1559, La Rochelle......... B. 5 »
436 Demi-teston au même buste, 1555, Poitiers
    (63 var.)........................... B. 5 »
437 Testons à la grosse tête. 1553, 1555, 1556 (2 var.),
    1559, Toulouse (67)................. B. à 4 50
438 Teston à la grosse tête, 1559, Aix......... TB. 2 50
439 Demi-teston à la grosse tête, 1559, Toulouse. TB. 6 »
440 Teston au buste lauré, 1559, La Rochelle.. TB. 6 »
441 Demi-teston au buste lauré, Bayonne..... TB. 8 »
442 Teston du Dauphiné, 1556, Grenoble (60)... B. 8 »
443 Même demi-teston, 1556, Grenoble........ B. 6 »
444 Gros de Nesle, 1550, Paris (70). B. 3 » TB. 5 »
445 Demi-gros de Nesle, 1551, Paris (72). B. 1 » TB. 2 »
446 Douzain à la croisette, fr. à La Rochelle (73).
                        B. 5 » TB. 7 »

447 Douzains aux croissants, 1550 et 1551, Amiens
 (74)............................... TB. à 3   "
448 Douzains aux croissants, 1551, Bordeaux; 1550,
 Bourges; 1550 et 1551, La Rochelle; 1550 et
 1551, Lyon....................... B. à 1 50
449 Douzain aux croissants, 1551, Chambéry. Pièce
 contremarquée de la fleur de lis.......... B.   5   "
450 Douzain aux croissants, 1552, Chambéry... TB.   6   "
451 Douzains   —   1552 et 1556, Dijon. B. à 4   "
452 Douzains   —   1551, Crémieu (Pierre le
 Maistre). 2 var...................... B. à 3 50
453 Douzain aux croissants, 1550, Grenoble (Guérin)
 TB.   3   "
454 Douzains aux croissants 1549 et 1550, Marseille
 2 var............................ B. à 8   "
455 Douzains aux croissants, 1550 et 1551, Moulins
 (André Colas)...................... B. à 2   "
456 Douzains aux croissants, 1550 à 1552, Paris;
 1549, Poitiers; 1549 à 1555, Rennes; 1549,
 Rouen; 1551, Saint-Lô; 1550 et 1551, Toulouse et Tours..................... B. à 1 50
457 Douzain aux croissants, 1551, Romans (Cl. Monnier). Rare....................... TB.   10   "
458 Douzain aux croissants, 1550, Villefranche-de-
 Rouergue........................ B.   5   "
459 Douzains du Dauphiné, 1553, Grenoble (Jérôme
 de la Rose) et 1556, Romans (79)........ B. à 5   "
460 Douzain fr. au Moulin de Paris, 1553 (80).
 AB 8 " TB. 18   "
461 Double tournois, Villefranche (84 var. — Vente
 Hoffm., n° 851, gravé)................ B.   5   "
462 Liard à l'H, Marseille (85)............... B.   3   "
463 Denier tournois, Paris (86)............... B.   2   "
464 Patard de Provence (87)................. B.   5   "
465 *Sienne.* Gros à la louve, 1558 (91. — Cat. Gariel,
 n° 2059 : 180 f.). *Exemplaire Meyer....* B.   100   "
466 *Sienne.* Quattrino (100).................. B.   15   "

467 *Sienne*. Autre variété avec LIBERT en une ligne
(100 var.)...................................... TB. 20 »

François II et Marie Stuart (1559-1660).

468 Gros, 1558, avec le titre de François, dauphin.
TB. 40 »
469 Quart de gros, 1558, avec le même titre... TB. 25 »
470 Gros, 1561 (3). Pièce contremarquée...... TB. 40 »
471 Teston posthume au buste de Henri II, 1560,
Bayonne (67)............................... B. 6 »
472 Teston au même buste, 1560, Lyon (59)... TB. 10 »
473 Même demi-teston, 1560, Lyon........... B. 8 »
474 Teston au même buste, 156 (*sic*), Toulouse (65
var.)..................................... TB. 10 »

Charles IX (1560-1574).

475 Écu d'or, MVLXII, Paris (1).............. B. 18 »
476   —   M.D.L.X.VII, Bordeaux....... TB. 25 »
477   —   1569, Angers.................. TB. 25 »
478 Demi-écu d'or, M.D.LXVI, Toulouse (2)... B. 25 »
479 Teston posthume au buste de Henri II, 1561,
· Nantes.................................. TB. 12 »
480 Teston à l'écu entre deux C couronnés, 1562, Toulouse (10)................................. B. 4 »
481 Teston aux mêmes types, 1562. Rouen.... TB. 5 »
482 Même teston, 1562, Paris................. B, 3 »
483 Testons aux mêmes types, 1563, 1565 et 1566, La
Rochelle............... B. 4 » TB. 6 »
484 Testons aux mêmes types, 1563 (2 var.), 1564
et 1567, Toulouse..................... B. à 4 »
485 Autre variété, 1564, Poitiers (12.......... B. 7 »
486   —   1565, Bordeaux (10....... TB. 6 »
487 Même teston, 1567, Nantes............... B. 3 »
488   —   1567, Saint-André-de-Villeneuve.
B. 10 »

489 Testons à l'écu entre deux K couronnés, 1565 à
  1569. Bayonne (15) .... B. 4 » — TB. 5 »
490 Teston du Dauphiné, 1562, Grenoble (17)....B. 10 »
491 Testons à l'écu entre deux C couronnés, 1573,
  Paris, et 1574. Toulouse (25)........... TB. à 5 »
492 Demi-testons aux mêmes revers, 1562, Nantes,
  et 1573, Paris (13)..................... B à 5 »
493 Demi-teston à l'écu entre deux K couronnés,
  1565, Bayonne (16)..................... B. 6 »
494 Double sols parisis, 1570, Rouen, 1571, Montpellier, etc. (31)............ B. 2 » — TB. 3 50
495 Double sol parisis, 1572, Bayonne. *Inédit*.. B. 25 »
496 Douzains (34 et 35). 2 var.............. B. à 2 »
497 Douzains du Dauphiné, 1573 et 1574, Grenoble
  (36)................................. B. à 2 50
498 Sols parisis, 1565 à 1569, Paris, Poitiers, etc.
  B. 1 50 — TB. à 3 »
499 Denier tournois, 1562, Paris (48), liard au C,
  1574, Poitiers (55), liard au dauphin, 1571,
  Grenoble (57)........................ B. à 3 »

Interrègne (1575).

*Monnaies posthumes frappées avant le retour du roi
de Pologne, Henri III.*

500 Teston, 1575, La Rochelle (18)........... B. 5 »
501 Teston aux mêmes types, Poitiers (12)..... TB. 8 »
502 — — Rennes........ TB. 8 »
503 Demi-teston aux mêmes types, Rennes. 2 var.B. à 4 »
504 Teston, Toulouse. Types du n° 481........ TB. 6 »
505 Teston, Bayonne. Types du n° 479........ TB. 6 »

Henri III (1574-1589).

506 Écu d'or, 1578, La Rochelle (6 .... TB. 28 »
507 Teston, 1575, Nantes H. — .... B. 9 »

508 Testons, 1575, Bayonne, Paris et Poitiers (9). B. à 7 »
509 Testons, 1575, Rouen, et 1576, Toulouse (8). B. à 8 »
510 Demi-teston, 1576, Poitiers (10)............... B. 6 »
511 Franc, 1579, Poitiers (15 var.)............... TB. 8 »
512 Franc, 1581, Bayonne (15 var.)............... TB. 6 »
513 Franc, 1586, Bordeaux (15 var.)............... B. 6 »
514 Demi-franc, 1583, Toulouse (23 var.)........ B. 3 50
515 Demi-francs, 1586 et 1587, Riom (2 var).. TB. à 6 »
516 Demi-franc, 1587, Amiens (23 var.)........ B. 6 »
517 Demi-franc, 1587, Bordeaux (23 var.) ..... TB. 8 »
518 Demi-franc, 1587, Nantes (23 var.)........ B. 6 »
519 Demi-francs, 1587 et 1588, Paris (26 var.)... B. à 5 »
520 Demi-francs, 1580, Toulouse (23 var.) 2 var..B. à 5 »
521 Quart de franc, 1577, Paris (27).......... TB. 5 »
522   —   1577, Rouen (27)......... TB. 6 »
523   —   1578, La Rochelle (24) .... TB. 4 »
524   —   1585, Rouen (24)......... TB. 5 »
525   —   1587, Paris et Rennes (24)... B. à 3 »
526 Quarts d'écu, 1579 et 1587, Rennes ; 1580 et
        1581, La Rochelle ; 1587 et 1588, Nantes et
        Saint-Lô ; 1587, Toulouse ; 1589, Bayonne et
        Paris (29)..................... B. 3 » — TB. 4 »
527 Huitièmes d'écu, 1579 et 1589, Nantes ; 1587,
        Rennes (31)....................... B. à 2 »
528 Huitième d'écu, 1587, Poitiers (28, quart d'écu).
                                      TB. 5 »
529 Gros de Nesle, 1578, 1582, 1583, Dijon ; 1585,
        Montpellier ; 1578, Paris ; 1584, Riom ; 1583 et
        1585, Rouen ; 1582, Saint-André-de-Ville-
        neuve ; 1579 et 1584, Toulouse (36)...... TB. à 3 »
530 Demi-gros de Nesle, 1578, Dijon ; 1583, Limoges,
        et 1586, Poitiers (38)..................... B. à 2 50
531 Douzains à la croix cantonnée de 4 couronnes,
        1577, Aix ; 1586, Amiens ; 1583, Dijon ; 1576,
        La Rochelle, Lyon, Poitiers, Rennes ; 1588,
        Paris, Saint-Lô et Toulouse (42). B. 1 » — TB. 2 »

532 Douzains aux mêmes types, 1576 et 1587, Troyes
   (42). 2 var .... B. à 2 50
533 Douzains à la croix cantonnée de fleurs de lis et
   de couronnes, 1577, Riom, et 1588, Rouen
   (11. —) .... B. à 2 50
534 Douzains à la croix cantonnée de fleurs de lis et
   de 11, 1576 et 1577. Toulouse (43) ... . B. à 2 »
535 Douzains du Dauphiné, 1576 (44). 2 var .... B. à 2 50
536 Liards au Saint-Esprit, 1585, Lyon (48) et 1584,
   Dijon et Paris (49). 3 var .... TB. à 2 »
537 Liards à la croix fleurdelisée, 1578, Aix et 1583,
   Lyon (51) et 1582. Rouen .... B. à 2 »
538 Liard au dauphin, 1583, Grenoble (52) ...... B.   2 »
539 Autre variété, 1578 (53) .... B. 2 » — TB.   3 »
540 Imitation du liard au 11 couronné, par J.-Aug.
   Tizzone, comte de Déciane, 1581 .... B.   2 50
541 Même pièce par Delfino Tizzone, comte de
   Déciane, 1583 et 1584 (Morel-Fatio, II, 16 et
   18). 3 var .... TB. à 2 50
542 Imitation du liard au Saint-Esprit par le précédent, 1583 (Morel-Fatio, II, 11 var. et 15).
   2 var .... TB. à 3 »
543 Imitation du liard au dauphin par le précédent,
   1583 (Morel-Fatio, II, 21) .... TB.   3 »
544 Imitation du n° 540, par les seigneurs de Frinco
   (Morel-Fatio, V, 7) .... B.   3 »
545 Imitation du liard au dauphin par les précédents
   (Morel-Fatio, V, 3) .... B.   3 »
546 Imitation du liard par les Radicati, comtes de
   Cocconato .... B.   3 »
547 Double tournois du Dauphiné, 1581 et 1589
   (2 var.). Grenoble (65) .... B. à 1 50
548 Double tournois, s. d., Bourges; s. d., 1579 et
   1584, Paris .... B. à 0 30
549 Double tournois, s. d. (2 var.), par J. Filliard et
   1587, Troyes; 1587 et 1589. Lyon .... B. à 0 50

550 Double tournois, 1579, 1580, Paris ; 1580 et 1581,
    Poitiers ; 1585, 1588 et 1589, Rouen...... B. à 0 50
551 Deniers tournois, s. d., 1579, 1582 à 1584, 1587
    et 1588, Paris..................... B. à 0 30
552 Deniers tournois, s. d., Troyes (2 var.) ; 1583,
    Poitiers ; 1587, Dijon ; 1588, Saint-Lô..... B. à 0 50

Charles X, cardinal de Bourbon (1589-1590).

A. Les Politiques au nom d'Henri III (1589 et suiv.).

553 Douzain au nom d'Henri III fr. à Narbonne par
    le comte Bouchage de Joyeuse (capucin Frère
    Ange), 1594 (*Revue de numism.*, 1893, pl. III,
    n° 6). Très rare.................... B.   20   »
554 Même douzain fr. à Toulouse par le duc de
    Joyeuse, 1594. Très rare.............. B.   15   »
555 Double tournois au nom d'Henri III, 1590,
    Bayonne........................... B.   3   »

*B. Le roi et les Politiques au nom de Charles X
    (1590-1597).*

556 Écu d'or, 1590, Rouen (1............... TB.   35   »
557 Quart d'écu, 1590, Nantes et Paris, B. 4 » — TB.   6   »
558   —   1591, Rouen............... TB.   6   »
559   —   1592, Paris............... TB.   5   »
560   —   1593, Nantes .... TB.   5   »
561 Quarts d'écu, 1596 et 1597, Dinan, par le duc de
    Mercœur .... TB. à 7   »
562 Huitièmes d'écu, 1590 et 1594, Nantes..... B. à 4   »
563 Huitièmes d'écu, 1595 et 1597, Dinan, par le
    duc de Mercœur.................. B. à 15   »
564 Douzains, 1590, Lyon, et 1593, Amiens, Dijon,
    Paris et Troyes (12). 6 var............ TB. à 1 50
565 Douzains, 1590, Rouen, et 1593 et 1594, Riom
    (13)............................. TB. à 2   »
566 Double tournois, 1590, 1592, 1594, Troyes, et
    1593 et 1594, Dijon (16 .... B. à 1   »
567 Denier tournois, 1590, Troyes (17)......... B.   6   »

Henri IV (1589-1610).

587 Demi-franc, 1597, Rennes (38)............ TB.   15   »
588 Demi-francs, 1602, 1603 et 1605, Toulouse. TB. à 12   »
589 Quart de franc, 1607, Toulouse............ B.   6   »
590   —   1604, Montpellier.......... TB.   15   »
591   —   1601, Limoges (39)......... B.   8   »
592 Demi-franc, 1603, Saint-André-de-Villeneuve
         (45)................................... B.   18   »
593 Autre variété de 1606. Même atelier....... TB.   25   »
594 Quarts de franc, 1602 et 1603. Même atelier (46).
                                             B. à 15   »
595 Essai du demi-franc, 1607 (51)............ TB. 150   »
596 Douzain, 1594, Melun, pendant la Ligue (59). B. 15   »
597 Douzain, 1591, Clermont (59)............... B.   1 50
598 Douzains, 1592 à 1594, Clermont (62)..... TB. à 1 50
599 Douzains, 1593, Limoges, etc. (62)......... B. à 1   »
600   —   à l'écu accosté de deux H non couron-
         ronnés, 1593, La Rochelle; 1595, Lyon
         (J. Filliard); 1595 et 1596, Riom; 1595, Saint-
         Lô: 1594, Troyes..................... B. à 1 50
601 Douzains aux mêmes types, 1593, Montpellier,
         et 1595, Saint-André-de-Villeneuve....... B. à 4   »
602 Douzain aux mêmes types, mais à légendes
         interverties, 1594, Bayonne............. B.   2   »
603 Douzain aux mêmes types. Mélanges de coins. B.   5   »
604 Douzain, 1594, Aix. Mêmes types, mais la croix
         cantonnée de quatre couronnes .... B.   3   »
605 Douzains du Dauphiné, 1593 et 1594 (64) .. B. à 3   »
606 Douzains de Navarre, 1590 à 1593 (65)..... B. à 5   »
607   —   de Béarn, 1590 et 1593 (67)....... B. à 4   »
608 Imitation du douzain aux types du nᵒ 600, par les
         Passerano (Morel-Fatio, VII, 3) ....B.   6   »
609 Imitation du douzain du Dauphiné, par les Pas-
         serano (Morel-Fatio, VII, 2 var.)......... B.   10   »
610 Liard de Béarn (70) .... B. 4 » — TB.   6   »
611 Liard dit Pied-Guailloux, 1601, Chambéry (73).
         Rare................................... TB.   20   »
612 Double tournois, 1591 et 1592, Châlons-sur-

Marne: 1591, Limoges ; 1593, Rouen ; 1594,
Clermont: 1607, 1608 et 1610, Lyon, etc. 0 50 à 1 »
613 Double tournois de Béarn, 1594............ B. 2 »
614 Double tournois du Dauphiné, 1608 (78).... B. 3 »
615 Deniers tournois, 1603 à 1610, Paris, et 1607,
Riom .... B. à 0 50
616 Piéfort du denier tournois, 1607, Paris (80). TB. 8 »

La ville de Cambrai assiégée par les Espagnols (1595).

617 Pièces de 20 patards aux écussons de France et
de Montluc de Balagny (Mailliet, 13 et 15). B. à 10 »
618 Pièce de 10 patards aux armes de France (Maill.
16)............................... TB. 10 »
619 Pièce de 5 patards aux armes de France (Maill.
19)............................... B. 8 »
619 *bis.* Pièce de 1 patard à la fleur de lis (Maill.
22)............................... B. 5 »

Louis XIII (1610-1643).

620 Écu d'or, 1617, Nantes (1)................ B. 20 »
621 Demi-écu d'or, 1615, Rouen (3 var.) ...... TB. 25 »
622 — 1639, Montpellier (9 var.).... B. 25 »
623 Louis d'or à la mèche courte, 1610, Paris (22).
Presqu'à fleur de coin................... 35 »
624 Demi-louis d'or à la mèche courte, 1611, Paris
(24)........................... TB. 32 »
625 Louis d'or à la mèche longue, 1641, Paris (22
var.). Presqu'à fleur de coin............... 35 »
626 Demi-louis d'or à la mèche longue, 1641, Paris
(24 var............. TB. 22 » -- FDC. 30 »
627 Quart d'écu, 1641, Arras (42 .... TB. 20 »
628 — 1643, Tours (11 .... TB. 8 »
629 Huitième d'écu, 1641, Bayonne............ B. 6 »
630 Quart d'écu de Navarre, 1616 (49 .... TB. 5 »
631 Huitième d'écu de Navarre (50 .... B. 1 50
632 Quart d'écu de Béarn, 1610 (17 .... TB. 5 »

659 Autre vaquette inédite.................... B. 10 »
660 Doubles et deniers tournois. Ateliers et dates
    variés........................... TB. à 0 50
661 Double tournois de Navarre, 1635 (132) ... TB. 8 »
662 Piéfort du double tournois, 1618. Paris (123). TB. 15 »

Occupation française.

663 Artois. Double tournois au lion donnant un rat
    à un coq...................... B. 2 »
664 — Variété au dauphin sur une ancre....... B. 2 »
665 Barcelone. Seizain, 1642 (152)........... TB. 3 »
666 Cambrai. Pièce aux chiffres VV (10 patards?)
    entourés d'une couronne et de trois fleurs de
    lis. Cuiv..................... B. 5 »
667 Casal. Pièce de 20 florins fr. par le maréchal
    Toiras, 1630 (Maill. 265).... B. 20 » — TB. 35 »
668 Girone. Seizain, 1642 (158)........... B. 3 50
669 Stenay. Double tournois, 1636 et 1637 (134). B. à 2 »
670 Vich. Menut, 1643 (170).................. B. 8 »

Louis XIV (1643-1715).

671 Louis d'or à la mèche longue, 1646 (2 var.) et
    1648, Paris (12)....................TB. à 32 »
672 Même louis frappé à Aix, 1648........... FDC. 38 »
673 — 1651, Paris............... TB. 30 »
674 — 1651, Montpellier .... TB. 35 »
675 Demi-louis d'or, 1646, Paris. Mêmes types (13).
    TB. 32 »
676 Lis d'or, 1656, Paris (20)........... TB. 55 »
677 Louis d'or à l'écu couronné, 1690, Aix (29).
    FDC. 35 »
678 Même pièce, 1690, Limoges........... FDC. 40 »
679 — 1691, Rouen............... TB. 30 »
680 Double louis d'or aux 4 lis couronnés, posés en
    croix et accostés de 4 L, 1695, Bayonne (32).
    TB. 70 »

681 Louis d'or, 1693, Lille. Mêmes types (33).. TB. 35 »
682   —   1694, Nantes (33). Trace de sur-
   frappe . . . . FDC. 35 »
683 Double louis d'or à la croix (formée de 8 L cou-
   ronnés) brochant sur sceptre et main de jus-
   tice, 1702, Lyon (35). . . . . TB. 75 »
684 Louis d'or. Mêmes types (36). . . . . TB. 35 »
685 Louis d'or aux 8 L, 1710, 1711 et 1712, Paris
   (42) . . . . TB. 35 » — FDC. 40 »
686 Même pièce, 1712, Amiens . . . . TB. 38 »
687 Quart d'écu, 1646, Arras (48 var.) . . . . TB. 18 »
688   —   1646, Limoges (11 var.) . . . . FDC. 12 »
689 Écus blancs au buste poupard à la mèche courte,
   1643 à 1645, Paris (55) . . . . . B. 9 » — TB. 12 »
690 Demi-écu, 1644, Paris. Mêmes types (59) . . . TB. 6 »
691 Quarts d'écu, 1644 et 1645, Paris. Mêmes types
   (61) . . . . TB. 3 » — FDC. 4 »
692 Quart d'écu, 1645, Lyon. Mêmes types . . . TB. 5 »
693 Douzième d'écu, 1643 et 1644, Paris (63).
                          B. 1 » — TB. 1 50
694 Pièce de 30 deniers, 1644, Paris (69) . . . . . . TB. 5 »
695 — 15 — (70) . . . . . FDC. 5 »
696 Essai de l'écu blanc aux bustes de Louis XIII et
   de Louis XIV (71). Rarissime . . . . B. 200 »
697 Écus blancs, au buste poupard, à la mèche
   longue, 1648 et 1649, Montpellier (74) . . . TB. à 8 50
698 Écus blancs, 1651, Bordeaux et Rouen. Mêmes
   types . . . . TB. à 10 »
699 Écus blancs, 1651 et 1652, Paris, et 1652, Aix.
   Mêmes types . . . . TB. à 8 50
700 Demi-écu, 1647, Paris (76) . . . . TB. 6 »
701 Demi-écus, 1650, Angers, Bayonne, Montpellier,
   Poitiers (76) . . . . TB. à 5 »
702 Demi-écus, 1652, Rouen et Tours (76) . . . . . TB. à 6 »
703 Demi-écu, 1656, Bayonne (76) . . . . B. 5 »
704 Quart d'écu, 1646, Paris (77) . . . . FDC. 5 »
705 Douzièmes d'écu, 1646 et 1653, Paris (78) . . . TB. à 2 »

706 Douzièmes d'écu, 1653, Rennes, et 1659, Limoges
   (78). . . . . TB. à 3 »
707 Écus de Navarre, 1652 et 1653 (79). . . . . . . TB. à 15 »
708 Demi-écu de Navarre, 1658 (80). . . . . TB. 25 »
709 Écu de Béarn, 1659 (83). . . . . B. 15 »
710 Demi-écu de Béarn, 1653 (84). . . . . B. 22 50
711 Quart d'écu de Béarn, 1653 (85). . . . . B. 15 »
712 Douzième d'écu de Béarn, 1660 (86). B. 8 » TB. 10 »
713   —   —   1676 (86). . . . . TB. 12 »
714 Écu blanc au buste juvénile, 1667, Rennes (102
   var.). . . . . TB. 15 »
715 Demi-écus, 1661 et 1663, Bayonne. Mêmes
   types (103 var.). . . . . B. 5 » — TB.   6 »
716 Demi-écus, 1662, Rouen (103 var.). TB. 6 » FDC.   8 »
717 Quart d'écu, 1667 (104). . . . . TB. 12 »
718 Douzième d'écu, 1659, Amiens, et 1660, Nantes
   (105). . . . . B. 5 » — TB.   6 »
719 Douzièmes d'écu, 1661, Montpellier, et 1662 et
   1665. Paris (105). . . . . B. à 5 »
720 Douzième d'écu, 1662, Villeneuve-lès-Avignon
   (105). . . . . TB.   8 »
721 Pièce de 5 sols, 1670, pour le Canada (101). . B. 35 »
722 Écu blanc, 1670, Rennes et 1672, Bayonne (102).
                                        B. à 20 »
723 Demi-écu, 1673, Rennes (103). . . . . TB. 25 »
724 Pièces de 4 sols dits des traitants, 1675 à 1677,
   Lyon et Paris (106). . . . . TB. à 1 »
725 Pièce de 2 sols, au petit buste, 1674, Paris.. B.   5 »
726 Autre variété au grand buste (107). . . . . B.   3 50
727 Écu blanc de Navarre, 1665, Morlàas (108 var.).
                                        TB. 28 »
728 Autre variété, 1670, Saint-Palais (108). . . . . . B. 15 »
729 Écus de Béarn, 1665 et 1668, Pau (109). . . . . B. à 25 »
730 Écus blancs dit du Parlement, 1679 (2 var.), et
   1682, Paris (113). . . . . TB. à 12 »
731 Demi-écus du Parlement, 1679, Rouen, et 1681,
   Paris (114). 2 var. . . . . TB. à 12 »

754 Demi-écu aux palmes, 1694. Lyon......... TB.   6   »
755 Quart d'écu aux palmes, 1693, Rennes (142). TB.   5   »
756 Mêmes pièces, 1694, Aix, Lyon, Riom, etc.
                          B.   3   » — TB.   5   »
757 Même pièce, 1697, Nantes ... . FDC.   6   »
758 Douzième d'écu aux palmes, 1694 (143)..... B.   2   »
759 Écu Carambole aux palmes, 1695 (148)..... B.   35   »
760 Demi-écus Carambole aux palmes, 1694 et 1695
    (149)............................... B. à 12   »
761 Quart d'écu Carambole aux palmes, 1694 (150). B.   10   »
762 Seizième d'écu Carambole aux palmes (152). B.   8   »
763 Écu aux insignes, 1702 (153)............. TB.   12   »
764 Demi-écus aux insignes, 1701 et 1702, Paris
    (154)............................... TB. à 5   »
765 Mêmes demi-écus, 1702, Nantes et Tours... TB. à 5   »
766 Quart d'écu aux insignes, 1701 et 1702, Paris
    (155)............................... TB. à 5   »
767 Même pièce, 1702, Lyon.................. B.   3 50
768 Douzième d'écu aux insignes, 1702, Amiens et
    Paris (156)........................... B. à 2   »
769 20 sols aux insignes, 1703, Rennes (171). FDC.   4 50
770 Même pièce de Rouen, 1707.. .... B.   3   »
771 10 sols aux insignes, 1703, La Rochelle, Paris,
    Rennes ; 1705, Paris et Rennes ; 1706, Paris ;
    1707, Bordeaux, Rennes et Rouen (172). TB. à 1   »
772 5 sols aux insignes, 1702, Amiens, Besançon,
    Bourges, Strasbourg ; 1703 et 1704, Strasbourg
    (173)............................... TB. à 0 75
773 Pièce de 10 sols tournois, 1702, Strasbourg
    (169)............................... TB.   2   »
774 Écus aux 8 L (2e type), 1704, Montpellier et
    Paris (174)........................... TB. à 10   »
775 Écu aux 8 L, 1704, Rennes (174)........ FDC.   15   »
776 Demi-écu aux 8 L, 1704, Lyon (175)...... TB.   6   »
777 Même demi-écu, 1704, Montpellier. Traces de
    surfrappe .... FDC.   8   »
778 Mêmes demi-écus, 1705, Paris et Rennes... TB. à 6   »

779 Quart d'écu aux 8 L, 1703, Paris. Traces de sur-
frappe.................. B. 3 » — FDC. 5 »

780 Huitièmes d'écu aux 8 L, 1704, Amiens; 1705,
Paris, etc. (177)........... B. 2 50 — TB. 4 »

781 Écus aux 3 couronnes, 1709, Amiens, Bayonne,
La Rochelle, Lyon, Nantes, Paris, Poitiers,
Rennes, Riom, Rouen, Toulouse et Troyes;
1710, Caen, Nantes, Paris, Rouen et Tours;
1711, Paris et Rennes; 1712, La Rochelle,
Paris, Rennes et Toulouse; 1713, Amiens,
Lille et Poitiers (187).
                    B. 7 » — TB. 10 » — FDC. 12 50

782 Demi-écu aux 3 couronnes, 1710, Paris (189). TB. 5 »

783 Quarts d'écu aux 3 couronnes, 1710, Dijon, et
1711, Lyon et Rennes (190)............ TB. à 5 »

784 Dixièmes d'écu aux 3 couronnes, 1709, Paris;
1710, Troyes; 1711, Paris; 1712, Pau et
Rennes; 1713, Paris, et 1715, Bordeaux et
Lille (191)............... B. 1 » — TB. 1 50

785 Vingtième d'écu aux 3 couronnes, 1710, Paris
(192)..................................... B. 5 »

786 Liard à la croix de Malte, 1655 (205)...... TB. 8 »

787 Douzain, 1658 (216)..................... B. 12 »

788 Demi-douzain, 1658 (217). Rare .... TB. 18 »

789 30 et 15 deniers, 1710 à 1712 (222 et 224).
                    B. 0 50 -- TB. 0 75

790 Pièces de 6 deniers, 1710 à 1713, Aix, La
Rochelle et Montpellier (248).......... B. à 1 »

791 Même pièce imitée par des faussaires....... B. 2 »

792 Denier tournois, 1649 (227)............. TB. 0 50

793 Liard à l'L frappé à Corbeil, 1654 (234).... TB. 8 »

794 Autre variété avec ROY.DE.FRA.ET.NA. TB. 10 »

795 Liards de France, 1655 à 1657, Bordeaux, Caen,
Corbeil, Limoges, Meung-sur-Loire, Nîmes,
Pont-de-l'Arche, Vimy ....TB. à 1 »

796 Même liard fr. à Vimy, 1656 (237). Flan large.
                    B. 2 50 — TB. 4 »

797 Imitation du liard précédent par le duc de Mantoue, comte de Rethel, 1656............. B.   2   »
798 Liards aux deux bustes, 1656 et 1657 (236). B.   3   »
799 Liards de France, 1693 à 1698, Aix, Amiens,
Bordeaux, Bourges, Dijon, Lille, Lyon,
Riom, Rouen, Troyes, etc. (244) et 1714 et
1715, Lille (247)...................... TB. à 1   »
800 Pièce de 30 sols pour la foire de Beaucaire (254).
Revers limé jusqu'à l'exergue. *Exemplaire
Meyer* .... B.   15   »

Colonies et Occupation française.

801 Canada. Voyez nº 721.
802 Pondichéry. Cache à la déesse Kâli (Zay,
p. 279, nº 27). Cuiv.................... B.   4   »
803 — (Karikal). Doudou, demi-doudou et cache
(Zay, p. 285, nºˢ 35 à 37). Cuiv. — 3 p.
Ensemble .... B.   8   »
804 Aire. Pièce de 50 sols aux armes du gouverneur
de Goesbriant, 1710 (Maill. I, 5). Arg. octog.
FDC. 30   »
805 — Pièce de 25 sols, 1710. Mêmes armes (Maill.
I, 6). Arg. carré...................... B.   16   »
806 Lille. 20, 10 et 5 sols aux armes du maréchal
de Boufflers, 1708. Cuiv. Ensemble...... TB.   5   »
807 Tournai. 20 sols au buste du gouverneur de Sur-
ville, 1709 (Maill. CXII, 16). Arg. carré... B.   8   »
808 — 8 sols aux armes du précédent, 1709 (Maill.
CXII, 19 et 20). Cuiv. 2 var............ TB. à 5   »
809 — 2 sols aux armes de la ville, 1709 (Maill.
CXII, 22). Pièce frappée sur un 1/2 liard de
Max.-Henri, évêque de Liège............ B.   3 50
810 Hollande. Douzains d'Henri III, du pape Clé-
ment VIII, etc., contremarqués d'un lis (1672)
B. à 1 50

Louis XV (1715-1774).

836 Double louis d'or dit de Noailles, 1717, Paris
    (6)............................... TB.   70   »
837 Louis d'or à la croix de Malte, 1718, Lyon (9).
                                    TB.   45   »
838 Louis d'or aux deux L couronnées, 1722, Paris
    (11)............................... TB.   50   »
839 Louis d'or dit Mirliton, 1724, Rouen (14). TB.   40   »
840   —   aux lunettes, 1726, Rouen (16). TB.   30   »
841 Demi-louis d'or aux lunettes, 1726, Lille, Mont-
    pellier et Poitiers; 1727, Bayonne et Besançon
    et 1728, Paris (17)..................... TB. à 22   »
842 Double louis d'or au bandeau, 1744, Aix (18).TB.   65   »
843 Louis d'or au bandeau, 1743, Aix (19).
                        Presqu'à fleur de coin.   35   »
844 Mêmes pièces fr. à Pau, 1766 et 1768..... TB. à 32   »
845 Demi-louis d'or au bandeau, 1755, Paris (20).
                        Presqu'à fleur de coin.   28   »
846 Double louis d'or à la vieille tête, 1772, Lille
    (21)............................... FDC.   80   »
847 Louis d'or à la vieille tête, 1773, Paris (22). TB.   32   »
848 Écu vertugadin, 1716, Aix, Caen, Nantes et
    Paris (26)..................... TB. à 12   »
849 Demi-écu vertugadin, 1716, Paris et Rouen;
    1717, Metz (28)........TB.   8   » — FDC.   12   »
850 Quart d'écu vertugadin, 1716, Paris (29)... TB.   6   »
851 Dixième d'écu vertugadin, 1716, Bordeaux,
    Lille, Nantes, Paris, Poitiers, Rennes, Riom
    (30)............................... TB. à 1 50
852 Dixième d'écu vertugadin, 1718, Lille.... FDC.   2   »
853 Demi-écu de Strasbourg à 40 sols, 1716 (32). B.   10   »
854 Petit louis d'argent aux 8 L, 1720, Amiens,
    Lille, Orléans, Paris, Rouen et Toulouse (33).
                        TB.   5   » — FDC.   8   »

855 Écus de Navarre, 1718, Aix, Amiens, Lille,
Orléans, Paris, Poitiers et Rouen (34)...TB. à 10 »
856 Mêmes écus, 1719, La Rochelle, Paris, Rouen et
Troyes............... TB. 10 » — FDC. 12 »
857 Demi-écu de Navarre, 1719, Lille (35)... FDC. 20 »
858 Quarts d'écu de Navarre, 1718, Lille et Troyes
(36)........................... B. à 10 »
859 20 sols de Navarre, 1719, Aix, Amiens, Bourges,
La Rochelle, Lille, Paris, Rouen, Tours et
Troyes (38)........... TB. 1 50 — FDC. 2 50
860 Mêmes pièces, 1720, Amiens, Bordeaux, Lyon,
Lille, Toulouse et Troyes. TB. 1 50 — FDC. 2 50
861 10 sols de Navarre, 1719, Limoges, Metz et
Rennes (39)...................... TB. à 3 »
862 Sol, 1719, Paris ; 1/2 sols, 1720 et 1721, Paris et
Troyes, et liard, 1721, Troyes (71 à 73)... B. à 0 50
863 Livre d'argent ou pièce de 20 sols aux 2 L ados-
sés et couronnés, 1720, fabriquée à Paris, p.
la Cⁱᵉ des Indes (84).................. TB. 6 »
864 Écus de France, 1720, Paris ; 1721, Lille, Paris,
Riom, Rouen, Tours et Troyes ; 1722 et 1723,
Paris, et 1724, Amiens et Troyes (40).
TB. 10 » — FDC. 12 »
865 Demi-écu de France, 1722, Paris (41).... FDC. 20 »
866 Tiers d'écu de France, 1720, Bordeaux et
Limoges, et 1721, Besançon et Bourges (42).
TB. 2 » — FDC. 3 »
867 Mêmes pièces, 1720 à 1722, Caen et Troyes, et
1721 et 1722, Dijon.... TB. 2 » — FDC. 3 »
868 Mêmes pièces, 1720 à 1723, Amiens, Lille, Paris,
Rennes et Rouen........ TB. 2 » — FDC. 3 »
869 Mêmes pièces, 1722, Metz, Nantes, Orléans et
Riom................ TB. 2 » — FDC. 3 »
870 Sixièmes d'écu de France, 1720, Dijon ; 1721,
Orléans, Rennes, Tours et Troyes (43).
TB. 2 » — FDC. 3 »
871 Mêmes pièces, 1720 et 1721, Caen, Lille et

Paris, et 1721 et 1722, Amiens et Riom.

                    TB. 2 » — FDC. 3 »

872 Douzièmes d'écu de France, 1722, Lille et Rouen
    (44).............................. TB. à 5 »

873 Écus aux 8 L, 1723, Lille ; 1724, Amiens et La
    Rochelle (45)......... TB. 10 » — FDC. 13 »

874 Écus aux 8 L, 1725, Amiens, Caen, Paris et
    Rouen .... TB. 10 » — FDC. 13 »

875 Demi-écus aux 8 L, 1725, Lille, Lyon, Paris et
    Rouen (46)........... TB. 12 » — FDC. 15 »

876 Quarts d'écu aux 8 L, 1725, Lille et Metz (47). TB. à 10 »

877 Huitièmes d'écu aux 8 L, 1725, Lille et Metz
    (48)................................ FDC. à 8 »

878 Seizième d'écu aux 8 L, 1725, Metz (49).... TB. 10 »

879 Écus aux lauriers, 1726, Troyes ; 1727, Tours, et
    1740, Nantes (50)..................... TB. à 10 »

880 Demi-écu aux lauriers, 1730, Tours (51)... TB. 10 »

881 Cinquièmes d'écu aux lauriers, 1726, 1727, 1730,
    Paris ; 1727, Rennes, et 1729, Bayonne (52).
                 TB. 3 50 — FDC. 5 »

882 Dixièmes d'écu aux lauriers, 1726, Paris et
    Troyes (53)...................... TB. à 2 »

883 Vingtième d'écu aux lauriers, 1728, Bordeaux,
    et 1732, Rennes (54)... TB. 3 50 — FDC. 5 »

883 *bis* Écu au bandeau, 1755, Limoges (56). FDC. 15 »

884 Écus au bandeau, 1766 et 1770, Paris (56). TB. à 10 »

885 Demi-écu au bandeau, 1741, Paris (58)... FDC. 18 »

886 Demi-écus au bandeau, 1741, Amiens et Rennes.
                      TB. à 12 »

887 Demi-écu au bandeau, 1768, Paris.
            Presqu'à fleur de coin. 15 »

888 Cinquièmes d'écu au bandeau, 1764, Pau ; 1765,
    Paris, et 1769, Bayonne (59). TB. 3 » — FDC. 4 »

889 Dixièmes d'écu au bandeau, 1754, Paris et 1766,
    Bayonne (60)..................... TB. à 2 »

890 Même pièce, 1763, Grenoble (60)....... FDC. 4 »

891 20es d'écu au bandeau, 1742 et 1750; Paris, 1744,
Troyes et 1769, Pau (61).... B. 1 » TB. 2 »
892 Double sol aux L entrelacés, 1737, Paris; 1738 et
1746, Lille; 1739, Caen, Pau, Riom; 1741 et
1762, Strasbourg, etc. (69)............. TB. à 0 50
893 Sols aux L entrelacés, 1739 et 1740 (70).....B. à 1 »
894 Sols de Béarn, 1723, 1724, 1728, etc. Produits
des mines (80)......................... B. à 1 50
895 Sol, demi-sol et liard à la grosse tête et à l'écu
évasé, 1767 à 1771, Aix (74 à 76)....... TB. à 2 »
896 Écu à la vieille tête, 1770, Paris (62). Pièce frappée en essai....................... FDC. 50 »
897 Même écu. 1772, Bayonne. Exemplaire rayé.
FDC. 15 »
898 Même écu, 1774, Bayonne................ TB. 10 »
899 Demi-écu à la vieille tête, 1771, Nantes (64). TB. 15 »
900 24 sols, 1774, Paris (65)................. TB. 6 »
901 12 sols, 1772, Paris (66)...... B. 2 50 — TB. 4 »
902 6 sols, 1771, Paris (67). Date rare........ TB. 4 »
903 Même pièce de 1779, frappée sous Louis XVI. TB. 1 »
904 Sols, 1768, Paris; 1770, Besançon, Paris et
Troyes, et 1773, Lille (77)... TB. 1 » — FDC. 2 »
905 Demi-sols, 1769, Besançon; 1771, Troyes, et
1774, La Rochelle (78)... TB. 1 » — FDC. 2 »
906 Liards, 1769, Besançon; 1769 à 1772, Troyes;
1771, Lille, et 1774, La Rochelle (79).
TB. 0 75 — FDC. 1 »
907 Campagne de Brunswick-Lunebourg. Denier,
1758 (Maill. S. 22-1)................. TB. 4 »

Colonies.

908 Colonies en général. Sols aux deux L en sautoir,
1721 et 1722, La Rochelle (83)........... B. à 1 50
909 — Pièce au C couronné surfrappé sur un double
sol (87).................................TB. 2 »

910 — Sol, 1767. Main de justice et sceptre en sautoir (82).................. TB. 2 50 — FDC. 5 »
911 Iles du Vent. 12 sols, 1731 (85). Arg..... FDC. 6 »
912 — 6 sols, 1731 (86)...................... TB. 10 »
913 Iles de France et Bourbon. 2 sols et sol à la grande couronne (101 et 102)............ B. à 4 »
914 Karikal et Pondichéry. Cache à légende tamoule (Zay, n° 37)............................ B. 3 »
915 — Roupie à légende hindoue. Arg........ TB. 6 »
916 Pondichéry. Double fanon et fanon (92 et 95). Arg............................... TB. à 3 »
917 — Doudou, demi-doudou et cache (97 et 98). B. à 2 »
918 Mahé. Fanon fr. à Pondichéry, 1750 (Zay, n° 44). Arg................................ TB. 12 »
919 — Biches, 1749 et 1753 (99).............. B. 6 »
920 — Demi-biche, 1753 (100)............... B. 5 »
921 — Quart de biche, 1769.................. B. 10 »
922 Canada. Double sol dit *Marqué* aux L entrelacés, 1738. Types du n° 892... TB. 2 50 — FDC. 4 »
923 Tabago. Pièce du n° 909 surfrappée de T B O. B. 2 50

Louis XVI (1774-1793)

Première période (1774-1789)

924 Louis d'or aux palmes, 1774 (1)............. TB. 55 »
925 Double louis d'or aux lunettes, 1776, Lyon (2). TB. 75 »
926 Même pièce, 1777, Limoges.............. TB. 75 »
927 Louis d'or aux lunettes, 1775, Lille (3).....TB. 50 »
928 Double louis d'or à la grosse tête, 1786, Limoges et Paris (5)...................... FDC. à 70 »
929 Même pièce, 1786, Rouen et 1788, Bordeaux. TB. à 60 »
930 — 1786, Metz................. FDC. 75 »
931 — 1787, Nantes................. TB. 65 »
932 Louis d'or à la grosse tête, 1785, Lille, et 1786, Paris............................ FDC. à 35 »

932 *bis* Essai du louis d'or, 1786, Paris. Cuivre. FDC.   15 »

933 Essai de l'écu de six livres aux palmes, 1774 (10).
Cuiv. *Pièce coulée*.................... .... TB.   10 »

934 Écus de six livres, 1785, Orléans ; 1786 et 1788,
Bayonne, et 1789, Toulouse, etc. (11).
TB.   8 » — FDC.   12 »

935 Essai de l'écu d'argent dit de Calonne, 1786 (37).
TB.   50 »

936 Demi-écu, 1788, Paris (13) .... FDC.   10 »

937 24 sols, 1778 et 1785, Paris ; 1778, Toulouse ;
1780, Bayonne ; 1787, Orléans, et 1788, La
Rochelle (14) .... TB.   2 » — FDC.   3 50

938 12 sols, 1778, 1779, 1782 à 1786, Paris (15).
TB.   1 » — FDC.   2 »

939 Même pièce de 1779, Metz, et 1788, Marseille. TB. à 2 »

940 Même pièce avec LUD XV (au lieu de XVI), etc.,
1785, Paris .... TB.   5 »

941 6 sols, 1779. Voyez nº 903. *Frappe ordonnée par
lettres patentes du 22 août 1779* .... TB.   1 »

942 6 sols, 1782 et 1783 (16) .... TB. à 2 50

943 Sols, 1779, Limoges, Metz et Pau, etc. (17). TB. à 1 »

944 Demi-sols, 1780, Paris ; 1785 et 1788, Nantes ;
1786 à 1788, Metz, etc. (18) .... TB. à 0 75

945 Liards, 1782, Aix et Metz ; 1783, Lille ; 1785,
Pau ; 1786, Metz, etc. (19) .... TB. à 0 50

946 *Colonies en général.* Essai de Guiquero, 1781,
Orléans (22). Cuiv.................... TB.   10 »

947 — Sol au C couronné et au revers lisse... TB.   1 »

948 *Iles de France et Bourbon.* 3 sols, 1779 à 1781
(26) .... TB.   1   » — FDC.   2 »

949 *Mahé.* Biche, 1787 (31) .... B.   6 »

950 *Cayenne.* Pièces de 2 sous, 1780 à 1783, 1786 à
1788 (29)............................ TB. à 0 50

951 *Tabago.* Sol du nº 947, contremarqué de TBO,
vers 1784 (Zay, nº 91)................. TB.   1 50

952 — Pièce de 2 sols du nº 950, contremarquée de
T B O, à partir de 1789 (Zay, nº 91)..... TB.   1 »

Deuxième période (1789-1792) [1]

953 Double louis d'or, 1789, Bordeaux (5 — Henn.
    111)...................................... TB.   60 »

954 Double louis d'or, 1790, Bordeaux (5 — Henn.
    192)...................................... TB.   65 »

955 Double louis d'or, 1792, Paris (5 — H. 408).
    Rare...................................... TB.   80 »

956 Écu de six livres, 1789, Paris. Types du n° 934
    (II. 113)................................... TB.   8 »

957 Écus de six livres, 1790, Limoges, Metz et Paris,
    et 1791, Nantes et Paris (II. 194 et 311).
                    TB. 10 — FDC. 12 »

958 Demi-écus, 1790, Metz, et 1790 à 1792, Paris (13
    — II. 195, 312 et 411). TB. 9 » — FDC. 12 »

959 Sols, 1789, Toulouse, et 1791, Lille, Limoges,
    Lyon, Metz, Orléans et Paris (II. 117 et 313).
    Cuivre............... TB. » 75 — FDC. 1 50

960 Demi-sols, 1789, Toulouse, et 1791, Bordeaux,
    Lille, Marseille (II. 118 et 314).......... TB. à 1 »

961 Liards, 1789, Nantes; 1790, Lille, et 1791, Bor-
    deaux, La Rochelle, Nantes et Rouen (H. 119,
    200 et 315).............. B. 0 50 — TB. 0 80

962 **Mahé**. Biche, 1790. Types du n° 949........ B. 8 »

963 **Cayenne**. 2 sols, 1789. Types du n° 950 (H. 120).
                      TB. 0 50

Révolution (1789-1792).

964 Dizain (10 sols), 1791, Lyon. Métal de cloche (336).
                      TB. 10 »

965 — Demi du précédent (337)........... TB. 8 »

966 Essai de métal de cloche. Prix de l'Académie
    royale de peinture et de sculpture de Paris.
    (287). 33 mill. Module de 2 sous........ TB. 5 »

---

1. Hennin, *Hist. numism. de la Révolution française*, Paris, 1826.

966 *bis* Essai de métal de cloche. Prix du Collège
d'Orléans sous Louis XV. Module précédent.
Rare.............................. TB. 15 »

Crise monétaire à Paris.

967 Monneron de 5 sols. Serment de la garde nationale à la Constitution, 1791 (340)....... TB. 5 »
968 Monneron de 2 sols. La Liberté assise, 1791
(342 et 343). 2 var................... FDC. à 2 »
969 Monneron de 5 sols, 1792. Types du n° 967
(431)............................. FDC. 2 50
970 Autre variété dans la légende du revers (432) TB. 3 »
971 Monneron de 5 sols, 1792. Hercule brisant le
faisceau (434)..................... FDC. 10 »
972 Autre var. aux mêmes types (435). TB. 5 » FDC. 8 »
973 Monneron de 2 sols à l'Hercule et à la Pyramide
(439)............................. FDC. 10 »
974 Même pièce à tranche lisse............ FDC. 4 »
975 Monnaie d'un sol à l'Hercule. Tranche lisse. FDC. 4 »
976 Monneron de 2 sols, 1792. Types du n° 968 (436
à 438)............................ FDC. 2 »
977 Lefèvre, Lesage et Cⁱᵉ. 20 sols, 1792 (440). B. 8 »
978 — Autre variété (441)............. TB. 5 »
979 — Pièces de 10 sols (442 et 443). 2 var. TB. à 4 »
980 — Pièce de 5 sols (444 et 445). 2 var.. TB. à 3 »
981 Caisse de Bonne Foi. 3 sols à l'Enfant foudroyant
l'hydre, 1791 (345)................. TB. 4 »
982 — 6 blancs au buste de Minerve, 1791
(346)............................. TB. 1 50
983 Caisse métallique. 18 deniers aux faisceaux,
1792 (450). TB. 6 »
984 Manufacture de porcelaine (Potter). 5 sols, 1792.
TB. 5 »

Crise monétaire à Lyon.

985 Deux sols de Clemanson et Cⁱᵉ, 1792 (454). Cuiv.
jaune et rouge. 2 var.................. TB. à 4 »

Louis XVI, roi constitutionnel (1791-1793).

986 Louis d'or de 24 livres, 1792 (59 — H. 412)....
FDC. 55 »

987 Écus de 6 livres, 1792, Limoges et Paris (60 —
H. 413)............... TB. 8 » — FDC. 10 »

988 Écus de 6 livres, 1793, Bordeaux, Montpellier et
Toulouse (60 — H. 589).............. TB. à 12 »

989 Petit écu de trois livres, 1792, Paris (62 — H.
414)................................. FDC. 10 »

990 30 sols, 1791, Lille, Limoges et Paris, et 1792,
Limoges, Nantes et Paris (63 — H. 316 et 405).
TB. 3 » — FDC. 4 50

991 30 sols, 1793, Pau (63 — H. 591)........ TB. 5 »

992 15 sols, 1791, Lille et Limoges (avec FRANCOIS)
(65)................................. TB. à 2 »

993 15 sols, 1791, Marseille (avec FRANCAIS).. B. 2 50

994 15 sols, 1791, Paris et Toulouse (avec FRANÇOIS)
(H. 317)......................... TB. à 2 50

995 15 sols, 1792, Limoges, Pau et Toulouse (avec
FRANÇOIS) (H. 416).... B. 2 » — TB. 3 »

996 2 sols, 1791, Paris et Rouen ; 1792, La Rochelle,
Lille, Limoges, Marseille, Montpellier, Paris,
Pau, Perpignan, Rouen et Strasbourg ; 1793,
Limoges, Orléans et Strasbourg (70 — H. 318,
417 et 593)..................... TB. à 1 »

997 12 deniers, 1791, Marseille, Paris, Rouen ; 1792,
Limoges, Lyon, Marseille, Nantes, Pau, Rouen
et Strasbourg, et 1793, Paris (72 — 319, 418
et 594)........................ TB. à 1 »

998 6 deniers, 1792, Limoges, Marseille, Strasbourg,
et 1793, Nantes (73 — H. 419 et 595)... TB. à 1 »

999 3 deniers, 1792, Limoges, Lyon et Strasbourg
(74 — H. 420)..................... TB. à 1 »

République (1792-1795).

An I (22 sept. 1792-21 sept. 1793).

1000 Essai du sol au Génie, 1792 (424)........ TB.   3 »
1001 Le même, avec RENGNE (*sic*) DE LA LOI (423),
    2 var., l'une à tranche lisse, l'autre à tranche
    maclée............................. TB. à 5 »
1002 Essai du double sol au Génie, 1793 (613). TB.   6 »
1003 Autre variété, 1793 (614). TB. 5 » — FDC.   8 »
1004 Essai du sol au Génie, 1793 (424 var.)... TB.   5 »
1005 Essai du demi-sol, 1792. Bonnet phrygien sur un
    faisceau (390)...................... B.   1 »
1006 Essai de Galle, au buste de la Liberté p. les
    Artistes réunis de Lyon, 1792 (387). Métal de
    cloche............................. TB. 15 »
1007 Essai de Galle, au buste de Mirabeau, p. les
    Artistes réunis de Lyon, 1792 (405). Métal de
    cloche............................. B. 10 »
1008 Autre variété au buste de Mirabeau, p. Mercier,
    Mouterde et autres artistes réunis, à Lyon,
    1792 (365). Métal de cloche.......... TB. 16 »
1009 Essai de Brezin au caducée ailé surmonté du
    bonnet phrygien (457). Cuivre....... FDC. 10 »

An II (22 sept. 1793-21 sept. 1794).

1010 Pièce de 24 livres au Génie, 1793 (597).. TB. 45 »
1011 Écu de 6 livres, 1793 (598).. B. 9 » TB. 12 »
                                    FDC. 15 »
1012 Cinq décimes de Robespierre, à la fontaine
    (608)............... TB. 5 » — FDC. 8 »
1013 Essai, 1793 (561). Cuivre............... TB. 5 »
1014 Essai du centime au bonnet, 1794 (607). Re-
    frappe............................. TB. 1 50
1015 Essai de Brezin, 1793. Couronne et faisceau ailé
    avec deux couronnes (617)........... TB. 15 »

1016 2 sous aux balances, 1793, Limoges, Pau, Stras-
     bourg, etc. (600)...................... B. à 1   »
1017 2 sous, 1793, Rouen......... .... TB.   8   »
1018 Même pièce refrappée................ FDC.   2   »
1019 Sous aux balances, 1793, Lille, Limoges, Lyon,
     Metz, Nantes, Strasbourg (601)........ B. à » 50
1020 Demi-sou aux balances, 1793, La Rochelle
     (602)............................. AB.   2   »
1021 Même pièce en refrappe............. FDC.   2   »
1022 Guadeloupe. Sol contremarqué de RF. Type du
     n° 910 (603)...................... TB.   1   »
1023 Siège de Mayence. 5, 3 et 1 sols (504 à 507).
     3 p. à 1 50............... Ensemble. TB.   3   »
1024   —   Bons pour 3 livres, 10 et 5 sous (Maill.
     LXXXI, 12 et LXXXII, 14 et 15). Papier.
     3 p.............................. TB. à 5   »
1025 Siège de Lyon, Bons pour 5 livres, 25 et 50 sous.
     (Maill. LXXIV, 7 à 9). Papier. 3 p..... TB. à 3   »

An III (22 sept. 1794-22 septembre 1795).

1026 Écu de 6 livres au Génie, sans date, Lille (599).
                                       TB. 20   »
1027 2 sous aux balances, sans date, Orléans. Pièce
     surfrappée....................... B.   2   »
1028 Sou aux balances, sans date, Marseille..... B.   2   »
1029 25 centimes à la tête de la Liberté, 1794 (675).
     Cuivre jaune........ A.B. 4 » — TB. 10   »
1030 Même pièce en refrappe............... TB.   2   »
1030 *bis* Pièce d'essai à la tête précédente, s. d. (Dewa-
     min XXII, 6). Cuivre. Module de la pièce de
     5 centimes....................... TB. 12   »
1031 10 centimes. Serpent, massue et faisceau (678).
                                       B.   8   »
1032 Même pièce en refrappe............... FDC.   2   »
1033 Siège de Maestricht, 1794. Écu à 100 stuver
     (640)............................. TB. 10   »

1034 Siège de Luxembourg, 1795. Écu à 72 asses
(658)................... B. 12 » — TB. 18 »
1035 — Sol à l'écusson de Luxembourg (659). TB. 1 »
1036 Bamberg. Thaler de contribution aux armes de
l'évêque, 1795 (706).................... TB. 12 »
1037 Wurtzbourg. 20 kreutzer de contribution aux
mêmes types, 1795 (718)............ FDC. 3 »
1038 — Autre variété (719)............. FDC. 3 »
1039 — — (720). 3 var. TB. 2 » FDC. 3 »
1040 République batave. Ducat de Hollande au chevalier debout, 1795 .... FDC. 25 »
1041 République de Genève. Genevoise, 1794.. TB. 15 »
1042 Écu de 12 florins 9 sols, 1795 .... TB. 10 »
1043 Demi-écu de 6 florins 4 sols 6 deniers, 1795...
TB. 8 » — FDC. 10 »
1044 Pièce de 15 sols, 1794...... B. 2 » — TB. 3 »
1045 Pièce de 6 sols, 1795................. TB. 1 »

Le Directoire (1795-1799).

An IV (23 sept. 1795-21 sept. 1796).

1046 5 francs à l'Hercule, Paris............. TB. 10 »
1047 2 décimes, Paris....... TB. 1 » — FDC. 2 »
1048 Un décime (pièce de 2 décimes transformée). B. 1 »
1049 Un décime (pièce de 2 décimes surfrappée). B. 1 50
1050 Décime, Paris........................ B. 1 50
1051 5 centimes, Limoges et Paris.......... FDC. à 1 50
1052 Fulde. Thaler de contribution aux armes de
l'évêque (710)................... TB. 12 »

An V (22 sept. 1796-21 sept. 1797).

1053 2 décimes. Type du n° 1061 (800) .... TB. 1 50
1054 Un décime, Lille, Limoges, Lyon, Paris, etc.
(804)............................. TB. à 2 »
1055 Un décime, Paris. Type du n° 1048 (803)... B. 1 50
1056 5 centimes, Lille, Lyon et Paris (805)... TB. à 1 »

1057 Essai d'un centime (807 et 808). 2 var.... TB. à 7 »
1058 République genevoise. 6 sols, 1796........ B. 1 »
1058 *bis*. Essai de monnaie de Muller gravé par Vas-
selon, s. d. Hercule debout à g., tenant un
écusson (au bonnet phrygien) posé sur un pié-
destal. R'. Inscription (701 — *Revue num.*,
1890. Procès-verbaux, p. xxii). Métal de
composition........................... TB. 25 »
1058 *ter*. Sou de Thuillé, fondeur à Nancy, 1796
(770). Métal de cloche................ TB. 30 »
1059 Francfort. Ducat de contribution, 1796 (775
var.)............................... FDC. 30 »
1060 — Thaler de contribution, 1796 (776). FDC. 12 »
1061 Fulde. Demi-thaler de contribution aux armes
de l'évêque, 1796 (780)............... FDC. 8 »
1062 — Demi-thaler de contribution au buste de
l'évêque, 1796 (778)................TB. 10 »
1063 Eichstaedt. Demi-thaler de contribution au
buste de l'évêque, 1796 (774)........ FDC. 6 »

An VI (22 sept. 1797-21 sept. 1798).

1064 Pièce de 5 francs à l'Hercule............ TB. 12 »
1065 Un décime, Paris. Rare................ B. 8 »
1066 5 centimes, Paris et Strasbourg (867).... TB. à 1 50
1067 Un centime, Paris. 2 var. de coin (868). FDC. à 1 »
1068 Essai d'un centime (869)............... TB. 8 »
1068 *bis*. Bologne. Écu à 10 pauls, 1797..... TB. 10 »

An VII (22 sept. 1798-22 sept. 1799).

1069 Un décime, Lille, Paris, etc. (916). TB. 1 » FDC. 2 »
1070 5 centimes, Lille, Paris, etc., et centime (917
et 918)................................. TB. à 1 »
1071 République helvétique. 20 batz, 1798, Soleure.
B. 12 »
1072 — 10 batz, 1799, Berne.............. TB. 7 »

1073 —   5 batz, 1799, Berne.............. TB.   5   »
1074 —   1 batz et 1/2 batz, 1799............ B. à 1   »
1075 Sarine et Broye. Pièce de 42 kreuzer, 1788. B.   15   »
1076 Siège de Mantoue. Pièce de 5 sous (908)... B.   2   »
1077 —   Pièce d'un sou (909)............... TB.   2   »
1078 —   5 sous de Milan aux empreintes autri-
        chiennes (1758), fr. sur les ordres du gouverne-
        ment français...................... B.   2 50
1079 —   Demi-sou (1777) aux mêmes types... B.   1   »
1080 Piémont [1]. Demi-écu, 1799. La Liberté passant
        au pied de la montagne (150)........ FDC.   18   »
1081 —   Quart d'écu. Mêmes types.......... B.   8   »
1082 République ligurienne. 8 lire, 1798. La Liberté
        et l'Égalité debout (142).............. TB.   15   »
1083 —   4 lire, 1798. Mêmes types......... TB.   12   »
1084 —   2 lire, 1798. Mêmes types....... FDC.   18   »
1085 —   1 lire, 1798. Mêmes types........ TB.   15   »
1086 —   Même pièce..................... B.   10   »
1087 République romaine. Scudo, sans date. La
        Liberté debout (137)................. TB   12   »
1088 —   2 baiocchi, s. d. Faisceau et légende
        (139). Plusieurs variétés............. TB. à 3   »
1089 —   2 baiocchi fr. à Ancône, s. d...... TB.   5   »
1090 —   2 baiocchi fr. à Ascoli, s. d........ B.   2   »
1091 —   Baiocco fr. à Fermo, 1798. 2 var... TB. à 5   »
1092 —   2 baiocchi, Fermo, s. d., et 1798. 2 var.
                                    B. à 3   »
1093 —   1/2 baiocco, Fermo, 1798.......... B.   3   »
1094 —   —   Gubbio, s. d.......... B.   6   »
1095 —   —   Macerata, s. d........ B.   5   »
1096 République napolitaine. Écu à 12 carlins, 1799
        (141)............................. TB.   12   »
1097 —   Demi-écu à 6 carlins, 1799........ TB.   8   »
1098 —   Pièces de 4 et de 6 tornesi, 1799.... TB. à 1 50

1. Les numéros entre parenthèses, à partir d'ici jusqu'à la fin du règne
de Napoléon Ier, se rapportent à Millin et Millingen, *Histoire métallique
de Napoléon Ier*.

Le Consulat (1799-1804).

An VIII (23 sept. 1799-22 sept. 1800).

1099 Un décime, Bordeaux.................... B.   1 50
1100 5 centimes, Lille, Metz, Paris et Strasbourg. TB. à 1   »
1101 Un centime, Paris..................... TB.   » 50
1102 5 décimes au buste de Minerve. Essai de Lor-
     thior............................. TB.   10   »
1103 Essai de Th. Gengembre au buste de Lavoisier,
     par Andrieu. Br. Tranche inscrite. Module
     de 2 francs........................ TB.   4   »
1104 République cisalpine. Écu de 6 lire (148). FDC. 18   »

An IX (23 sept. 1803-22 sept. 1801).

1105 Un décime, Genève. Types du n° 1099.... B.   5   »
1106 5 centimes, Genève. Types du n° 1100..... B.
1107 Essai de Gengembre au buste de Lavoisier par
     Andrieu. Types du n° 1103 (186). Br. Tranche
     inscrite.. .... FDC.   6   »
1108 République cisalpine. 30 soldi fr. en souvenir
     de la célébration de la paix de Lunéville et de
     l'inauguration de la place Bonaparte à Milan
     (149). Plusieurs variétés. TB. 3 » — FDC.   5   »
1109 Étrurie. Le roi et la reine visitent la Monnaie de
     Paris (133). Br. Tranche maclée...... FDC.   8   »
1110 Gaule subalpine. 5 francs, Turin. La Liberté et
     l'Égalité debout (153)................ TB.   6   »
1111 Piémont. 2 soldi au triangle égalitaire (151). B.   1   »
1112   —   20 francs de Marengo. Or........ TB. 30   »

An X (23 sept. 1801-22 sept. 1802).

1113 Essai de Gengembre au buste du premier consul,
     par Andrieu (188). Br. Tranche inscrite. TB.   6   »
1114 Essai au coq. Paix et amitié entre la France et

la Russie. Coin de Tiolier. Module de 2 francs.
Br. Tranche cordonnée.............. TB.   8   »
1115 20 francs de Marengo. Types du n° 1112.. TB.   30   »
1116 Gaule subalpine. 5 francs comme au n° 1110. TB.   6   »
1117 Vénétie en guerre contre la France. 1 lire 1/2,
        1802 (Maill. CXIX, 2)............. FDC.   3   »

An XI (23 sept. 1802-23 sept. 1803).

1118 5 francs à l'Hercule................... TB.   15   »
1119 5 francs de Tiolier à la tête du 1ᵉʳ Consul. TB.   12   »
1120 Franc et 1/2 franc à la même tête........ TB. à 3   »

Commencement de l'An XII (24 sept. 1803-18 mai 1804).

1121 40 francs de Tiolier. Or............... TB.   45   »
1122 20   —   Or. Presqu'à fleur de coin.   26   »
1123 5 francs. Types du n° 1119............. TB.   10   »
1124 2 —   Mêmes types................ FDC.   6   »
1125 1 —   —   .... TB.   3   »
1126 Quarts de franc, Nantes et Paris........ FDC. à 1 50
1127 Jeton au buste d'Andrieu. Arg. Module du franc.
                                   TB.   6   »
1128 République batave. Ducat d'Utrecht au cheva-
        lier debout, 1803................... FDC.   30   »

DYNASTIE IMPÉRIALE (1804-1814)

Napoléon Iᵉʳ.

Fin de l'an XII (18 mai 1804-22 sept. 1804).

1129 5 francs, Paris. *Nouveau type* (323).......TB.   10   »
1130 2 francs, Rouen. TB. 5 » — Franc, Paris. TB.   3   »
1131 Demi-franc, Bordeaux................... TB.   2   »
1132 Essai de Th. Gengembre. Tête laurée et coupe
        antique. Arg...................... TB.   8   »
1133 Même pièce en bronze................. TB.   3   »

1134 Essai de Gengembre. Tête laurée et initiales du
graveur. Br . . . . TB.   3   »

An XIII (23 sept. 1804-22 sept. 1805).

1135 40 francs au buste de l'emp. à g., Paris . . . TB.   45   »
1136 5 francs, Paris. *Nouveau type* . . . . TB.   8   »
1137 2 francs, Paris et Toulouse. Types du n° 1130.
TB.   3 50 — FDC.   5   »
1138 1 franc, Paris (318) . . . . FDC.   3   »
1139 Demi-franc, Paris (319) . . . . FDC.   2   »
1140 Quarts de franc, Bordeaux, Nantes, Paris, etc.
(320) . . . . TB.   1   » — FDC.   1 50

An XIV (23 sept. 1805-31 décembre 1805).

1141 5 francs, Paris. Types du n° 1136 . . . . TB.   12   »
1142 2 francs, Paris. Types du n° 1130 . . . . FDC.   8   »
1143 Un franc, Paris. Types du n° 1138 . . . . . . FDC.   6   »
1144 Demi-franc. B.   3   » — 1/4 de franc . . . . . TB.   2   »

1806

1145 5 francs, Paris. Types du n° 1136 (324) . . . TB.   10   »
1146 2 francs, Paris. Types du n° 1130 . . . . FDC.   6   »
1147 Un franc, Paris. Types du n° 1130 . . . . . FDC.   4   »
1148 Demi-franc. FDC.   2 50 — 1/4 de franc. FDC.   1 50
1149 Essai de 10 cent. Cercle de bronze encastrant une
rondelle d'argent à l'aigle éployée (336). TB.   10   »
1150 Essai de Tiolier. Visite du roi de Bavière à la
Monnaie de Paris. Br. Module de 2 francs.
Tranche inscrite (210) . . . . TB.   4   »

1807

1151 20 francs à la tête nue de l'emp. à g., Paris. TB.   25   »
1152 *1er type.* 5 francs, Bayonne. Type du n° 1136.
TB.   15   »
1153 — 2 francs, Limoges et Perpignan. Types du
n° 1146 . . . . B.   4   » — TB.   6   »

1154 — Un franc, Bayonne. Types du n° 1147. TB.   4 »

1155 — Quart de franc, Bayonne. Types du n° 1148.

TB.   1 50

1156 *2ᵉ type*. 5 francs à la tête nue, Paris....... B.   12 »

1157 — 2 francs à la tête nue dite de nègre, Paris.

TB.   10 »

1158 — Un franc, Paris. Tête précédente..... TB.   6 »

1159 — Demi-franc, Paris.   —   ......TB.   4 »

1160 — Quart de franc, Paris................ TB.   2 »

1161 *3ᵉ type*. 20 francs à la tête laurée à g., Paris.TB.   26 »

1162 — 5 francs, Paris. Types du n° 1136, mais le

buste lauré et plus court (326). Rare ..... B.   15 »

1163 — 2 francs, Paris. Tête de nègre laurée...TB.   10 »

1164 — 1 franc,   —   Mêmes types......... TB.   7 »

1165 — 1/2 franc, ~~ Mêmes types....... FDC.   4 »

1166 — Quart de franc, Paris. Mêmes types... TB.   2 »

1167 Essai de 10 cent. Types du n° 1149, mais l'aigle

remplacée par l'N couronné........... TB.   10 »

1808

1168 2 francs, Paris. Type du n° 1163........ FDC.   4 »

1169 1 franc, Bordeaux, Paris et Strasbourg.

TB. 2 50 — FDC.   3 50

1170 1/2 franc, Limoges, Paris, Strasbourg... FDC. à 2 »

1171 10 cent. au grand N couronné, Lille, Paris, etc.

Billon........................... TB. à 1 »

1172 5 cent. au grand N couronné, Strasbourg. TB.   0 75

1809

1173 5 francs, Paris. Types du n° 1162, mais avec

EMPIRE FRANÇAIS (329)........... TB.   10 »

1174 2 francs. Paris (330) .... TB.   4 »

1175 1 franc, Perpignan (331)................ B.   2 »

1176 1/2 franc, Lille (332) et 1/4 de franc (333). TB. à 1 50

1177 10 cent., Paris. Types du n° 1171....... FDC.   1 »

1178 Essai de Tiolier. Buste du roi de Saxe à la

Monnaie de Paris. Br. Module de 2 francs.

(251)............................... FDC.   5 »

1810.

1179 5 francs, Paris. Types précédents...... FDC. 12 »
1180 2 francs, Paris...................... FDC. 6 »
1181 1 franc, Paris et Rouen............... FDC. à 4 »
1182 1/2 franc, Paris...................... TB. 2 »
1183 10 cent., Rouen. Types du n° 1171...... TB. 1 »
1184 Essai de Tiolier. Visite du roi et de la reine de
     Bavière à la Monnaie de Paris. Br. Module
     de 2 francs. Tranche inscrite......... FDC. 6 »
1185 Iles de France et Bonaparte. Pièce de 10 livres
     dite « Piastre Decaen » (467). TB. 16 » — FDC. 20 »
1186 Pièces de 20, 10 et 5 cash fr. à Madras, dès
     1803, par l'East India Company, ayant cours
     dans notre colonie par arrêté du 27 octobre
     1810 (Zay, p. 266). Cuiv. — 3 p....... TB. à 1 »

1811 et 1812.

1187 20 francs, 1811, Paris................. FDC. 46 »
1188 5 francs. Paris, 1811. Types de 1809..... TB. 10 »
1189 2 francs, 1811, Paris, et 1812, Rouen... FDC. à 5 »
1190 1 franc, 1811, Lille et Nantes.. .... TB. à 2 50
1191 Demi-francs, 1811, Rouen, et 1812, Paris. Types
     de 1809............... B. 1 » — FDC. 2 »

1813 et 1814

1192 5 francs, 1813, Bayonne et Paris. Types de
     1809..............................TB. à 10 »
1193 2 francs, 1813, Bordeaux, et 1814, Paris. FDC. à 5 »
1194 1 franc, 1813, Paris. Types de 1809..... FDC. 3 »
1195 Demi-franc, 1813, Paris. Types de 1809. FDC. 1 50

MONNAIES OBSIDIONALES ET OCCUPATION FRANÇAISE

1196 Cattaro. Franc, 1813 (Maill. XXV, 4) .... TB. 12 »
1197 Zara, Pièce de 2 onces = 9 f. 20 c., 1813
     (Maill. CXXX, 2).................... TB. 45 »

1198 Zamosc. Pièce de 2 florins, 1813 (Maill.
CXXIX, 3). . . . . TB. 8 »

1199 Anvers, 1814. 10 centimes au grand N. Sous
le ruban enlaçant les deux branches d'olivier,
un R (Maill. VI, 4) . . . . TB. 3 »

1200 — Variété avec un W au-dessus du ruban
(Maill. VI, 3). . . . . TB. 2 »

1201 — Variété sans l'initiale du graveur. . . . . . TB. 2 50

1202 — Variété avec le nom JEAN LOUIS GAGNE-
PAIN sur le nœud du ruban . . . . FDC. 10 »

1203 — 5 centimes au grand N. L'initiale W au-des-
sus du ruban . . . . TB. 2 »

1204 — Variété avec le V sous le ruban . . . . . . TB. 2 »

1205 — Variété avec JLGN sous le nœud du ruban,
Presqu'à fleur de coin. 8 »

1206 Gênes, 1814. 2 soldi à la Vierge (*499). . . TB. 3 »

1207 — 4 soldi au Saint-Georges (499). . . . . TB. 3 50

1208 Hambourg. Pièce de 32 schilling fr. en 1814
par le maréchal Davoust avec les coins de
1809 (Maill. XLV, 3). . . . . TB. 8 »

1209 Palma-Nova, 1814. 50 centimes (Maill. XC,
1 et Mill. 492) . . . . TB. 10 »

1210 Strasbourg, 1814. Un décime (495). . . . . . . B. 0 50

1211 Genève. Franc, an 13. Types du n° 1138. . . B. 30 »

1212 Turin. 40 francs, 1806. Types du n° 1136. . . B. 48 »

1213 — 5 francs, an 13. Types du n° 1136. . . . . . B. 10 »

1214 — 2 francs, 1807. Types du n° 1137. . . . . . . B. 12 »

1215 — Quart de franc, 1807. Types du n° 1140. B. 3 50

1216 — 5 francs, 1811 et 1812. Types du n° 1162.
B. 9 » — TB. 12 »

1217 — 1 franc, 1808. Types du n° 1164 . . . . . . AB. 6 »

1218 Utrecht. 20 francs, 1813. Types du n° 1161. B. 27 »

1219 — 5 francs, 1812 et 1813. Types du n° 1162. B. à 7 »

1220 — 2 francs, 1812. Types du n° 1163 . . . . . . B. 8 »

1221 — 1 franc, 1813. Types du n° 1164 . . . . B. 5 »

Napoléon, roi d'Italie (1805-1814).

1222 40 lire, 1808, Milan. Légende sur une tranche
    azurée et étoilée .... TB. 50 »
1223 5 lire, 1809, Milan. Tranche précédente.... B. 12 »
1224 2 lire, 1807, Milan. Tranche précédente...AB. 3 »
1225 Lire, 1808, Bologne. Tranche azurée et étoilée
    (341). 2 var. de coin.................... TB. à 2 50
1226 15 soldi, 1808, Milan (342). Tranche étoilée, en
    creux .... B. 5 »
1227 40 lire, 1810 et 1811, Milan. Tranche inscrite
    en creux............................. TB. 45 »
1228 Même pièce, 1813, Milan............... TB. 50 »
1229 5 lire, 1811 à 1814, Milan, et 1812, Bologne
    (339). Tranche précédente. TB. 10 » — FDC. 12 »
1230 2 lire, 1808, 1809, 1811, 1812, Milan, 1812,
    Bologne et Venise, et 1813, Bologne (340).
    Tranche du nº 1227 ..... B. 3 50 — FDC. 5 »
1231 Lire, 1809 à 1814, Milan, 1811, Bologne et
    Venise (341). Tranche du nº 1226. B. 2 » FDC. 3 »
1232 10 soldi, 1809 à 1811 et 1814, Milan; 1811 à
    1813, Venise, et 1813, Bologne. Tranche du
    nº 1226 (343). Selon la rareté et la conserva-
    tion .... 2 à 3 »
1233 5 soldi 1809 à 1814, Milan, etc. (344) ... FDC. à 1 »
1234 10 centesimi, 1809 à 1813, Milan. TB. 0 50 FDC. 1 »
1235 Soldo, 1807 à 1810. Milan et 1808, Bologne.
    Tranche azurée.......... B. 1 » — TB. 2 50
1236 Soldo et 3 centésimi, 1811 à 1813, Milan.
    Tranche lisse .... TB. à 0 50
1237 3 centesimi, 1807 à 1810, Milan, et 1808 et
    1810, Bologne et Venise. Tranche azurée. B. à 0 50
1238 3 centesimi, 1813, Milan. Tranche lisse. FDC. 5 »
1239 Centesimo, 1808 à 1813, Milan, Bologne et
    Venise............... TB. 0 50 — FDC. 1 »

Joseph-Napoléon, roi de Naples (1806-1808).

1240 Grand écu d'argent de 120 grani, 1808 (366).
FDC.   15   »

Joseph-Napoléon, roi d'Espagne (1808-1814).

1241 Pièce de 80 réaux à la tête nue, 1809.....TB.   40   »
1242 Piastre à 20 réaux, 1811................. TB.   10   »
1243 Demi-piastre à 10 réaux, 1810........... TB.   12   »
1244 Pièces de 4 réaux, 1810 et 1811.......... TB. à 3   »
1245 Pièce de 2 réaux, 1813 .... TB.   6   »
1246 Pièce d'un réal, 1812..................... B.   4   »
1247 Sols à 8 maravédis, 1811 et 1812.......... B. à 1 50
1248 Piastre à 8 réaux plata, 1809............. TB.   25   »
1249 **Barcelone.** Piastre à 5 pesetas à l'écu losangé,
     1811 .... TB.   10   »
1250 — Demi-piastres à 2 1/2 pesetas, 1808 et 1809.
     Mêmes types.......... TB.   8   » — FDC.   12   »
1251 — Pesetas, 1809 à 1813..... B.   2 50 — TB. à 3 50
1252 — Pièces de 4 quartos, 1808 à 1814. B. 1 » TB.   2   »
1253 — Pièce de 2 quartos, 1809.............. TB.   3   »
1254 — Pièce d'un quarto, 1812............. TB.   4   »
1255 **Guerre de l'Indépendance.** Piastre de 30 sous de
     Ferdinand VII pour Majorque, 1808. Arg.
     octog.................................TB.   10   »
1256 — Piastre à 5 pesetas pour Barcelone, 1809.TB.   8   »
1257 — Quarto pour la Catalogne, 1813 (Maill.
     XXIV, 8).............................. B.   2   »

Louis-Napoléon, roi de Hollande (1806-1811).

1258 Double ducat d'Utrecht au chevalier debout,
     1808 (Nah. 44). Or................. TB. 150   »
1259 Ducat au chevalier debout, 1809 (Nah. 55). Or.
     TB.   25   »
1260 Ducats à l'écusson couronné, 1809 et 1810
     (Nah. 81). Or..................... TB. à 20   »

1261 Rixdaler à 2 florins et demi, 1808 (Nah. 57). TB. 35 »
1262 Écu à 50 stuivers, 1808 .... TB. 10 »
1263 Pièce d'un florin, 1809 (58) .... FDC. 20 »
1264 Pièce de 10 stuivers, 1809 (Nah. 59).... FDC. 18 »
1265 **Indes bataves**. Dute et demi-dute, 1808 (Nah.
    47 et 48) .... TB. à 1 »
1266 **Java**. Dute aux initiales du roi, 1809 et 1810
    (Nah. 84) .... B. à 1 50
1267 — Dute au monogramme du roi, 1810 et 1811
    (Nah. 85) .... B. à 1 50
1268 — Demi-stuiver, au monogr., 1810 et 1811
    (Nah. 87) .... B. à 2 »

Jérôme-Napoléon, roi de Westphalie (1807-1814).

1269 Pièce de 20 frank, 1809, frappé à Paris (J.). Or.
              TB. 24 » — FDC. 28 »
1270 Même pièce frappée à Clausthal, 1809. Or.
              Presqu'à fleur de coin. 30 »
1271 Pièce de 10 frank, 1813, Clausthal. Or. Tranche
    lisse .... FDC. 25 »
1272 Pièce de 5 frank, 1809, Paris .... TB. 25 »
1273 Pièce de 2 frank, 1808, Paris. B. 10 » --FDC. 20 »
1274 Pièce d'un demi-frank, 1808, Paris.
              B. 8 » — FDC. 12 »
1275 20 cent., 1808, 1810 et 1812, et 10 cent. 1808
    et 1812, Clausthal. Billon. TB. » 50 FDC. 1 »
1276 5, 3, 2 et 1 centimes, 1809 à 1812, Clausthal.
    Cuivre .... TB. » 50 — FDC. 1 »
1277 5 centimes, 1809, fr. à Paris (J.). Cuivre.. TB. 8 »
1278 Pièce de 10 thalers fr. à Brunswick, 1811. Tête
    du roi et inscription. Or .... FDC. 60 »
1279 Thaler des mines de Mansfeld, 1811, fr. à
    Clausthal (362) .... TB. 16 »
1280 Deux tiers d'écu des mines fr. à Clausthal,
    1811 .... FDC. 10 »

1281 Thaler de convention, 1811, Clausthal.. FDC. 16 »
1282 Même pièce de 1812. Variété de coin... FDC. 16 »
1283 Même pièce de 1813................ TB. 15 »
1284 Deux tiers d'écu au buste à gauche, 1809 et
    1810, Clausthal.................... TB. à 8 »
1285 Deux tiers d'écu au buste à droite, 1811 et
    1812, Clausthal....... TB. 8 » — FDC. 10 »
1286 Pièce de 24 mariengrosch, 1810, Brunswick.
    3 var. de coin.......... B. 8 » — TB. 10 »
1287 6e d'écu, 1808, Cassel. Tranche feuillue.... B. 3 »
1288 6es d'écu, 1809, 1812 et 1813, Brunswick.
    Tranche cannelée...... TB. 3 50 — FDC. 4 »
1289 6e d'écu, 1810, Clausthal. Tranche lisse.... B. 2 50
1290 6e d'écu (1/6), 1810..................... TB, 5 »
1291 12e d'écu, 1809, Clausthal. Billon........ TB. 2 »
1292 24e d'écu, 1808 et 1809, Cassel. Bill. B. 1 » TB. 2 »
1293 2 pfenning, 1810, Clausthal............. TB. 3 »
1294 1 pfenning, 1808, Clausthal............. TB. 2 »

Joachim Murat, duc, puis grand-duc de Berg et Clèves
(1806-1808).

1295 Petit écu fr. à Dusseldorf, 1806, au buste du duc
    par Thre Stockmar (374). 2 var. de coin. TB. à 18 »
1296 3 stuber à son chiffre, 1806 (avec Sr. = Stock-
    mar). Billon...................... TB. 1 »
1297 Autre variété avec S. au lieu de Sr. Billon TB. 2 »
1298 Petit écu au buste du grand-duc et à ses armes.
    1807................................ TB. 25 »

Joachim Murat, roi de Naples et grand amiral de France
(1808-1815)

1299 Écu à 12 carlins, 1810.................. TB. 15 »
1300 Pièce de 3 grana, 1810. 2 var............ B. à 2 »
1301 Pièce de 2 grana, 1810.................. B. 4 »
1302 Pièce de 40 lire, 1813, Or.............. TB. 50 »

1303 Pièce de 20 lire, 1813. Or.............. TB. 28 »
1304 Pièce de 5 lire, 1813................... TB. 10 »
1305 2 lire, 1813. Plusieurs variétés de coin........
                           B. 3 » — FDC. 5 »
1306 Pièce d'une lira, 1812................. TB. 4 »
1307 Même pièce de 1813................... TB. 3 »
1308 Demi-lira, 1813. 2 variétés de coin....... TB. à 3 »

Alexandre Berthier, prince de Neuchâtel (1806-1814).

1309 5 francs, 181.. Pièce posthume........ FDC. 30 »
1310 2 francs, 1814. Étain................. TB. 4 »
1311 Batz, 1806 à 1809. Plusieurs variétés.........
                      TB. 1 50 — FDC. 2 50
1312 Demi-batz, 1807 à 1809. Plusieurs variétés....
                      TB. 1 » — FDC. 2 »
1313 Kreutzer, 1807 et 1808. Plusieurs variétés.....
                      TB. 1 » — FDC. 1 50

Maréchal Lefebvre, duc de Dantzig (1807-1814).

1314 Groschen, 1809. Armes de Dantzig. Cuivre. TB. 3 »
1315 Groschen, 1812.   —   — TB. 2 »
1316 Schilling, 1812.   —   — B. 3 »

Elisa et Félix Bacciochi, prince de Lucques et de Piombino (1805-1815).

1317 5 franchi, 1805, 1807 et 1808. Plusieurs varié-
    tés. .... TB. 8 » — FDC. 10 »
1318 Franco, 1806 à 1808 (350). TB. 2 » — FDC. 3 50
1319 5 centesimi, 1806 (351)............... TB. 4 »
1320 3 centesimi, 1806 (352)............... B. 2 »

Maximilien-Joseph de Bavière, comte palatin du Rhin, reconnu duc de Berg, par le traité de Lunéville.

1321 Petit écu au buste du duc, 1802, fr. par
    P. Rüdesheim, maître de la Monnaie de Dus-
    seldorf. Types du n° 1295.......... FDC. 15 »

1322 3 stuber à son chiffre, 1803, fr. par Rüdesheim.
    Types du n° 1296. Billon............. TB.   1 50
1323 Même pièce, 1806, fr. par Stockmar. Bil. FDC.   3 »
1324 Demi-stuber, 1803 et 1804. Cuivre....... TB. à 1 50

Ferdinand d'Autriche, prince de Salzbourg (1803-1806), grand-duc de Wurtzbourg (1806-1814).

1325 Ducat à son buste, 1806. Or.......... FDC. 20 »
1326 Thaler à son buste, 1803................ TB. 10 »
1327 Pièce de 20 kreutzer, 1805............. TB.   3 50
1328 Pièce de 6 kreutzer, 1805. Billon........ TB.   2 »
1329 Pièce de 3 kreutzer, 1805. Billon......... B.   2 »
1330 Pièce d'un kreutzer, 1805. Cuivre....... TB.   2 »
1331 Pièce de 3 kreutzer, 1808 (pour Wurtzbourg).
    Billon................................ B.   2 50
1332 Pièce d'un demi-kreutzer, 1810. Cuivre.... B.   3 »

Charles de Dalberg, prince primat de la Confédération du Rhin.

1333 Thaler de convention, fr. à Francfort. 1808.
    Buste et écusson...................... B. 12 »
1334 Thaler de convention. fr. à Ratisbonne, 1809.
    Buste et légende..................... TB. 15 »
1335 Kreuzer. 1808 et 1810, Francfort......... B. à 1 »

Frédéric-Auguste, roi de Saxe, duc de Varsovie.

1336 Écu au buste du roi et à l'écusson parti de Saxe-
    Pologne, 1811, Varsovie............. TB. 15 »
1337 Pièce de 10 groszy, 1812, Varsovie. Billon. B.   2 »
1338 Pièce de 1 grosz, 1812, Varsovie. Cuivre. TB.   1 »

Louis Ier, roi d'Étrurie (1801-1803).

1339 Écu fr. à Pise, 1803.................... TB. 10 »

Charles-Louis, roi d'Étrurie (1803-1807).

1340 Petit écu aux bustes accolés du roi et de
M. Aloyse, régente, à dr., 1803. Florence. TB. 12 »
1341 Double écu aux mêmes bustes, 1807. Florence.
FDC. 18 »
1342 Demi-soldo, sans date. Cuivre. B. 1 »

LES BOURBONS

Louis XVIII. — 1re Restauration (avril 1814-mars 1815).

1343 20 francs à son buste, 1814, Paris. Or.. FDC. 25 »
1344 5 francs au buste, 1814, Paris............ TB. 8 »
1345 **Anvers**, 1814. 10 centimes au monogramme du
roi (494)........................... TB. 1 »
1346 — 5 centimes aux mêmes types.... TB. 1 »
1347 — 5 centimes, avec J L G N comme au
n° 1205...................... TB. 2 50
1348 — 10 centimes avec le monogramme d'une
autre forme et plus compliqué, avec la signa-
ture comme au n° 1202............... TB. 5 »
1349 — 5 cent. Mêmes types. TB. 2 50 — FDC. 4 »
1350 **Strasbourg**. Décimes à l'L perlé, 1814 et 1815
(497)............................ TB. à 1 50
1351 — Décimes ordinaires, 1814 et 1815.. B. à 0 50
1352 Alexandre de Russie visite la Monnaie de Paris,
1814. Ange de paix. Module de 5 francs. Br.
Tranche lisse...................... TB. 10 »
1353 — Ange de paix. Module de 2 francs. Br.
Tranche lisse.................. .... TB. 4 »
1354 — Même pièce. Br. Tranche ornée d'annelets.
TB. 8 »
1355 François d'Autriche visite la Monnaie, 1814.
Ange de paix. Module de 2 francs. Argent.
Tranche inscrite................. FDC. 12 »
1356 — Même pièce. Br. Tranche lisse..... TB. 4 »

1357 Frédéric-Guillaume III de Prusse visite la
    Monnaie, 1814. Ange de paix. Module de
    2 francs. Br. Tranche lisse............ TB.   4 »

Napoléon Ier. — Les Cent Jours (mars à juin 1815).

1358 5 francs, 1815, Paris. Type du n° 1173. FDC. 15 »
1359 2 francs à la tête vieillie. Nouveau coin.... B.   5 »
                                    FDC. 10 »
1360 Essai de la pièce de 5 francs par Droz. Argent.
                                    FDC. 30 »
1361 **Strasbourg.** Décime à l'N couronné (496). TB. 1 »

Marie-Louise, impératrice, duchesse de Parme, etc.

1362 5 lire à son buste, 1815............... FDC. 10 »
1363 Même pièce de 1832...... TB. 8 » — FDC. 12 »
1364 2 lire à son buste, 1815............... FDC. 5 »
1365 Lira à son buste, 1815............... FDC. 3 »
1366 Pièce de 10 soldi à son buste, 1815...... TB. 1 50
1366 *bis* Même pièce.................... FDC. 2 50
1367 Pièce de 5 soldi au buste, 1815. TB. 1 » FDC. 1 50
1368 Même pièce de 1830................ FDC. 2 »
1369 5 centesimi aux armes, 1830. Cuivre..... TB. » 50
1370 3 centesimi et centesimo aux armes, 1830.
    Cuivre.................................. TB. à 1 »

Louis XVIII. — 2e Restauration (1815-1824).

1371 5 francs, 1816, Paris. Nouveau type à la tête
    à gauche......................... FDC. 10 »
1372 2 francs, 1824, Paris. Même type...... FDC. 5 »
1373 Franc, 1822, Paris. Même type........ FDC. 3 »
1374 Demi-francs, 1818 à 1823, Paris........ FDC. à 1 50
1375 Quarts de franc, 1820 à 1824.......... FDC. à 0 75
1376 Visite du duc et de la duchesse de Berry à la
    Monnaie de Paris, 1817. Module de la pièce
    de 5 francs. Br. Tranche inscrite..... FDC. 10 »

1377 Même pièce. **Argent.** Tranche lisse..... FDC. 10 »

1378 Même visite. **Argent.** Module de 2 francs. Tranche lisse..................... FDC. 5 »

1379 Visite de Charles X (Monsieur Frère du roi) à la Monnaie de Paris, 1818. Module de 5 francs. Br. Tranche inscrite............... FDC. 6 »

1380 Visite du prince et de la princesse de Danemark à la Monnaie de Paris, 1822. Module de 2 francs. Br. Tranche inscrite........ FDC. 10 »

1381 Essai de 10 centimes, 1821. Buste et valeur dans une couronne. Br............. TB. 6 »

1382 Essai de 5 cent., 1821. Même type. Br... TB. 6 »

1383 Même pièce. Variété inédite.......... FDC. 10 »

1384 Essai, sans date. Avers et module précédent. R'. Écusson entre deux branches de laurier. Br.................... FDC. 3 50

1385 Écus de 6 livres de Louis XV et XVI avec la contremarque de Berne............... B. à 10 »

> Ordonnance du Conseil d'État de Berne, du 2 juillet 1816, fixant à 10 batz la valeur des écus de Louis XV et XVI.

1386 **Colonies françaises.** 10 et 5 cent. 1821. Essais apocryphes. Br. 2 p............... FDC. à 3 »

1387 **Ile de Bourbon.** 10 centimes, 1816. Billon. TB. 1 »

1388 **Guyane.** 10 centimes, 1818. Billon....... TB » 50

1389 **Ile Maurice** (Crise monétaire, 1815). 50 et 25 sous fr. à Calcutta. 2 p............ TB. à 3 »

1390 Mines d'Aniche. 30 et 12 sous, 1820. Cuivre. 2 p..................... TB. à 3 »

1391 Mines de Littry. Jetons aux chiffres 18, 15, 12 et 10. Cuivre................ TB. à 3 »

Charles X (1824-1830).

1391 *bis* **Concours de 1824** (pour l'effigie seulement). Essai uniface pour la pièce de 40 francs. Coin de Barre. Étain................. FDC. 5 »

1392 Même essai uniface pour la pièce de 40 francs.
Coin de Brenet. Étain.............. FDC.   5   »

1393 Même essai. Coin de Caunois. Étain..... TB.   4   »

1394   —   Coins de Dubour et d'Henrionnet.
Étain........................... FDC. à 5   »

1395 Même essai. Coin de Michaut. Étain bronzé...
TB.   3   »

1396   —   Coin de Tiolier. Étain..... FDC.   5   »

1397 **Même concours**. Essai uniface pour la pièce de
5 francs. Coin de Ameling. Étain..... FDC.   5   »

1398 Même essai. Coin de Barye, Brenet et Caqué.
Étain........................... FDC. à 5   »

1399 Même essai. Coins de Caunois, Domard et
Dubour. Étain................. .... FDC. à 5   »

1400   —   Coins de Gatteaux, Henrionnet et
Michaut (2 var). Étain. 4 p......... FDC. à 5   »

1401   —   Coins de Peuvrier, Salmson et
Tiolier. Étain..................... FDC. à 5   »

1402 Essai de la pièce de 100 francs par Tiolier. Étain
sans revers...................... TB.   5   »

1403 Essai de 10 centimes. Cuivre. Tranche avec
corde à puits...................... TB.   4   »

1404 Même essai à tranche lisse. Cuivre rouge et
jaune. 2 var . ... FDC. à 4   »

1405 5 francs, 1826, La Rochelle. 1er coin de Michaut.
Argent.......................... TB.   12   »

1406 5 francs, 1830, Paris. 2e coin de Michaut.
Argent.......................... TB.   8   »

1407 2 francs, 1827, Paris................. FDC.   6   »

1408 Francs, 1825, Paris ; 1827, Rouen et Lille ;
1829, Paris, et 1830, Rouen........ FDC. à 2 50

1409 Demi-francs, 1826, Paris ; 1827, Rouen ; 1828
et 1829, Paris.................... FDC. à 1 50

1410 Quarts de francs 1825 à 1830, Paris, et 1830,
Lille... .... FDC. à 0 75

1411 Liard à la tête de nègre (MAXIMUS) ayant eu
cours à cette époque à Lille (Van Hende). TB.   1   »

1412 Jetons-monnaies de 10 et 5 cent. des fabriques
de Vast, près Cherbourg. Cuivre....... TB. à 2 »

1413 Essai de Moreau (1821). Trois fleurs de lis et
légende. Br. Module de 5 francs. Tranche à
légende en relief.................... FDC. 10 »

1414 Même essai à tranche inscrite en creux. Br. FDC. 8 »

1415 Le prince de Salerne et la duchesse de Berry
visitent la Monnaie de Paris, 1825. Argent.
Module de 5 francs. Tranche lisse.... FDC. 10 »

1416 — Même pièce. Br. Tranche inscrite... TB. 5 »

1417 Charles X visite la Monnaie de Lille. 1827.
Arg. Module de 5 francs. Tranche lisse. FDC. 10 »

1418 Même pièce. Br. Tranche inscrite...... FDC. 8 »

1419 Le roi et la reine des Deux-Siciles visitent la
Monnaie de Paris, 1830. Br. Module de
5 francs. Tranche à légende en relief.. FDC. 6 »

1420 **Colonies françaises.** 10 centimes, 1827, La
Rochelle, et 1828 et 1829, Paris ...... TB. à 1 »

1421 — 5 centimes, 1825, 1826 et 1829, Paris.
TB. à 1 »

Henri V, prétendant.

1422 Pièce de 5 francs, 1831. Arg. Tranche inscrite.
TB. 20 »

1423 Franc, 1831. Arg. Tranche cannelée...... TB. 3 »

1424 Demi-franc, 1832. Tête nue à g. Arg... FDC. 5 »

1425 Même pièce de 1833. Arg............... TB. 2 50

1426 Demi-franc à la tête barbue à droite, 1858.
Arg...................... FDC. 10 »

1427 Quart de franc, 1832. Type du 1424. Arg. TB. 5 »

1428 Même pièce en bronze................ FDC. 3 50

1429 Pièces de 10 et 5 centimes, 1832, au buste en
uniforme à gauche. Arg............. FDC. à 8 »

1430 5 cent. de la République, surfr. en creux : « à
bas le drapeau de la misère » pour servir de
signe de ralliement aux sociétés secrètes légi-
timistes, en 1832 (*Bull. de num.*, II, 157). B. 6 »

Louis-Philippe (1830-1848).

1431 Pièce de 20 francs, 1831, Lille. Or .... TB. 25 »

1432 Épreuve uniface de l'avers de la pièce précédente.
Étain .... TB. 2 »

1432 *bis*. Commission des monnaies, s. d. (1830). La
Monnaie assise, à dr. ℞. Dans le champ :
REVERS (rétrograde). Coin de Tiolier. Étain.
Module de 20 francs. Tranche inscrite . TB. 4 »

1433 Musée monétaire, 1830. Type et module précédents. Br. .... B. 4 »

1434 5 francs avec LOUIS PHILIPPE I, etc., à la
tête nue, 1830, Paris. Tranche à légende en
relief. .... TB. 10 »

1435 Même pièce, 1830. Rouen. Tranche inscrite en
creux. .... FDC. 12 »

1436 Même pièce, le nom du roi non suivi du quan-
tième I, 1830, Paris .... FDC. 15 »

1437 Francs, 1831, Paris et Rouen. Mêmes types. 2 p.
FDC. à 5 »

1438 **Concours de 1831.** Essai pour la pièce de 100 fr.
Coin de Montagny. Étain .... FDC. 6 »

1439   — Essai pour la pièce de 5 francs. Coin de
Barre. Étain. .... FDC. 5 »

1440   — Même essai de Domard. Étain ...... TB. 4 »

1441   — Mêmes essais de Montagny, Rogat et Tiolier. Étain. .... FDC. à 5 »

1442 5 francs à la tête laurée, 1845 à 1848. Paris. FDC. à 10 »

1443 2 francs, 1835 et 1847, Paris. .... FDC. à 4 »

1444 Francs, 1832 à 1834, 1840, 1847 et 1848, Paris,
et 1845, Rouen. .... FDC. à 2 50

1445 Demi-francs, 1832 à 1834, 1840, Paris, et 1845,
Rouen. .... FDC. à 1 50

1446 Pièce de 50 centimes, 1847, Paris ...... FDC. 1 50

1447 Quarts de franc, 1831, 1834, 1839, 1842 à 1845,
Paris ; 1833, et 1837, Lille ...... FDC. à 1 »

1448 25 cent. 1845, Rouen, 1847 et 1848, Paris FDC. à 1 »
1449 Le roi visite la Monnaie de Rouen, 1831. Br.
     Module de 5 francs. Tranche à légende en
     relief.............................. FDC. 5 »
1450 Anniversaire du 30 juillet 1830, Nantes, 1832.
     Br. Module de 5 francs............. FDC 4 »
1451 Essai de la presse monétaire de Thonnelier, ingé-
     nieur, 1833. Br. Module de 5 francs. Tranche
     à légende en relief................. FDC. 8 »
1452 Autre variété de l'essai précédent. Br.... TB. 8 »
1453 Autre variété de l'essai précédent dédié à l'ami
     Bihourd, négociant au Chili, 1836. Br.
     Tranche cannelée.................... TB. 10 »
1454 Épreuve des presses Thonnelier. Br. Module de
     2 francs............................ FDC. 6 »
1455 Même épreuve. Br. Module de 50 centimes...
     FDC. 5 »
1456 Essai de la presse monétaire, 1839. Br. Module
     du décime.......................... FDC. 5 »
1457 Essai de la presse monétaire de Bovy, Genève.
     Cuivre. Module de 50 centimes........ TB. 5 »
1458 Essai de 5 centimes à la tête à gauche. Coins de
     Domard. Br........................ TB. 6 »
1459 Essai de 5 centimes à la tête à droite. Coins de
     Domard. Br........................ FDC. 5 »
1460 Essai de 10 centimes au coq. Coin de Domard,
     Br................................. FDC. à 8 »
1461 Même essai de 3 centimes. Br......... FDC. 5 »
1462 Même essai de 2 centimes. Br......... FDC. 3 »
1463 Même essai de 1 centime. Br......... FDC. 3 50
1464 Refonte des monnaies de cuivre. Essai, 1840.
     Module du décime................. FDC. 3 50
1465 — Essai, 1840. Module de 5 centimes. FDC. 3 50
1466 — Essai de 1 décime, 1840. 2 var.... FDC. à 3 »
1467 — Essai de 5 centimes, 1840. 2 var... FDC. à 3 »
1468 Essai de 2 cent. à la couronne, 1840. Br. FDC. 2 »

1469 Même essai de 1842. Br. 2 var........ FDC. à 1 »
1470 Essai de Rohault et Muzard, Paris, 1844. Br.
    Module de 5 centimes............... FDC. 6 »
1471 Refonte des monnaies de cuivre. Essai, 1846.
    Module et type du n° 1464.......... FDC. 4 »
1472 Essai de 2 centimes, 1846. Type du n° 1469 Br.
    FDC. 2 »
1473 Refonte des monnaies de cuivre. Essai, 1847.
    Module et type du n° 1466.......... FDC. 4 »
1474 Essai de 1 centime, s. d. Br........... FDC. 1 »
1475 Un décime, cinq, deux et un centimes à La
    Charte, 1847. Br. jaune. 4 p. Ensemble FDC. 12 »
1476 Autre série variée de 10, 5, 2 et 1 centimes à La
    Charte, 1847. Br. jaune. 4 p. Ensemble FDC. 12 »
1477 10 centimes à La Charte, 1847. Br. rouge. FDC. 5 »
1478 5 centimes à La Charte, 1847. Br. jaune. TB. 3 50
1479 **Colonies françaises.** Essai de monnayage pour la
    pièce de 10 centimes, Londres, 1839. Br. TB. 8 »
1480   —   10 et 5 centimes, 1839, 1841 à 1844.....
    TB. 1 » — FDC. 2 »
1481 Guyane. 10 centimes, 1846. Bill....... FDC. 1 50
1482 Pondichéry. Cache, 1836. Cuivre. B. 2 50 — TB. 4 »
1483   —   Double fanon d'argent...... TB. 4 »

Deuxième République (1848-1851).

1484 5 francs à l'Hercule, 1848, Paris....... FDC. 10 »
1485 5 francs à la tête de Cérès, 1849, Paris. Coin
    d'Oudiné............................. FDC. 10 »
1486 5 francs, 1850, Paris. Même type...... FDC. 10 »
1487 2 francs, 1850. Même type............ FDC. 4 »
1488 Franc. 1849. Même type.............. FDC. 2 50
1489 50 centimes, 1850. Même type......... FDC. 1 50
1490 20 centimes, 1849 à 1851. Même type... FDC. à 0 75
1491 Centimes, 1848 à 1851. 4 p............ FDC. à 0 30

Concours monétaire de 1848.

1492 Essai pour la pièce de 20 francs. Coin d'Alard.
Étain.......................... FDC.   4   »

1493 — Coins de Barre. 1er et 2e types. Étain.
2 var.......................... FDC. à 4   »

1494 — Coins de Barre. 2e type. Cuivre plaqué
d'or.......................... FDC. 15   »

1495 — Coins de Bouvet, Catel et Dieudonné.
Étain.......................... FDC. à 4   »

1496 — Coins de Farochon. Or. Tranche inscrite.
FDC. 80   »

1496 *bis*. — Coins de Farochon et Gayrard
(2e type). Étain. 2 p.............. FDC. à 4   »

1497 — Coins de Gayrard, 1er type. Br. en piéfort.
TB.   3   »

1498 — Coins de Gayrard. 2e type. Cuivre plaqué
vermeil et argent................. FDC. 25   »

1499 — Coins de Malbet, Marrel et Rogat. Étain.
3 p.......................... FDC. à 4   »

1500 — Coins de Tournier et Vauthier-Galle.
Étain. 2 p.................... FDC. à 4   »

1501 Essai pour la pièce de 5 francs. Coins d'Alard.
Étain.......................... FDC.   5   »

1502 — Coins de Barre. Cuivre plaqué or et argent.
FDC. 35   »

1503 — Même pièce. Étain.............. FDC.   5   »

1504 — Coins de Boivin, Borrel et Bouchon. Étain.
3 p.......................... FDC. à 5   »

1505 — Coins de Caunois, Dantzell, Desbœufs et
Dieudonné. Étain. 4 p............. FDC. à 5   »

1506 — Coins de Farochon. Étain. 2 types variés.
FDC. à 5   »

1507 — Coins de Gayrard (1er type) et Leclerc.
Étain. 2 p.................... FDC. à 5   »

1508 — Coins de Magniadas, Malbet et Marrel.
Étain. 3 p.................... FDC. à 5 »

1509 — Coins de Montagny. Étain. 2 types variés.
FDC. à 5 »

1510 — Coins d'Oudiné (type adopté) et Reynaud.
Étain. 2 p.................... FDC. à 5 »

1511 — Coins de Tournier, Vauthier-Galle et
Vivier. Étain. 3 p.................... FDC. à 5 »

1512 Essai pour la pièce de 10 centimes. Coins
d'Alard. Étain.................... FDC. 2 »

1513 — Même pièce en cuivre............ TB. 3 »

1514 — Coins de Barre. Étain. 2 types var. FDC. à 3 »

1515 — Coins de Boivin et Borrel. Étain. 2 pièces.
FDC. à 3 »

1516 — Coins de Dantzell, Desbœufs, Dieudonné
et Domard. Étain. 4 p............. FDC. à 3 »

1517 — Coins de Farochon et Fauque (sans revers).
Étain. 2 p.................... FDC. à 3 »

1518 — Coins de Gayrard au buste de face. Étain
et cuivre. 2 var.................... TB. à 2 »

1519 — Coins de Gayrard au buste à gauche. Étain.
FDC. 3 »

1520 — Variété du précédent. Br. Piéfort à tranche
inscrite.................... FDC. 3 »

1521 — Coins de Magniadas, Malbet, Marrel, Montagny (2 var.) et Moullé. Étain. 6 p... FDC. à 3 »

1522 — Coins d'Oudiné, Pillard, Pingret et Rogat.
Étain. 4 p.................... FDC. à 3 »

1523 — Coins de Rogat, etc. Br. 3 p. dont un piéfort.................... TB. à 3 »

Essais et pièces diverses.

1524 Essai de 5 centimes de Delarue à Dijon. Cuivre
traversé par une lame d'argent........ TB. 5 »

1525 Essai de 5 francs de Rogat, 1849. Br... FDC. 4 »

1526 Essai de la virole brisée de Thonnelier, 1843.

Avers de Barre du concours de 1848. Br.
Module de 5 francs.................... TB.   8   »

1527 Autre variété de 1815. Avers précédent. Br.
Module de 5 francs.................... TB.   8   »

1528 Même pièce sans revers. Cuiv. plaqué d'argent.
TB.   7   »

1529 Banque du peuple, 1848. 5 francs. Étain bronzé.
— 2 francs. Cuiv. 2 p................. TB. à 2   »

1530   —   1/2 décime et 5ᵉ de décime. Cuivre, 2 p..
FDC. à 3   »

1531 Essai de monnaie suisse, 1851. Avers et module
du nᵒ 1488. Nickel.................... TB.   15   »

1532   —   Coin de Merley. Module de 20 francs.
Nickel............................ TB.   15   »

Présidence de Louis-Napoléon Bonaparte (1851-1852).

1533 5 francs dits à la mèche, 1852, Paris.... FDC.   25   »
1534 Même pièce courante, 1852, Paris........ TB.   7   »
1535 Franc, 1852, Paris.................... FDC.   3   »
1536 50 centimes, 1852, Paris.............. FDC.   1 50
1537 Essai de bronze, 1851. Module d'un centime.
FDC.   2   »
1537 *bis*. Essai, 1851. Presses monétaires du Chili.
Avers et module du nᵒ 1526. Br....... TB.   15   »
1538 Essai de la presse monétaire de Bovy, 1852.
Avers et module de la pièce de 20 francs du
concours de 1848. Étain bronzé......... TB.   3   »

Napoléon III, empereur (1852-1870).

1539 *Type non lauré.* 5 francs, 1855, Paris. Coin de
Bouvet............................... TB.   8   »
1540 Même pièce fr. en essai sur flan bruni, 1856...
FDC.   15   »
1541 2 francs, 1856, Paris................. FDC.   6   »
1542 Franc, 1858, Paris................... FDC.   4   »

1543 50 centimes, 1859, Paris............. FDC.   2   »
1544 20 centimes, 1853 et 1854, Paris....... FDC. à 1   »
1545 10 centimes, 1852 à 1857, Bordeaux, Lille,
     Lyon, Paris, Rouen et Strasbourg.... FDC. à 0 50
1546 5 centimes, 1853 à 1857. Mêmes ateliers. FDC. à 0 30
1547 2 et 1 centimes, 1853 à 1857. Mêmes ateliers...
                                        FDC. à 0 20
1548 10 centimes. Visite à Lille, 1853........ FDC.   1   »
1549 — Visite à la Monnaie de Paris, 1854. FDC.   1   »
1550 — Monument érigé à la Bourse de Lille,
     1853............................ FDC.   1   »
1551 5 centimes. Visite à la Bourse de Lille, 1853.
              Arg. FDC. 5 » — Cuiv. FDC.   1   »
1552 *Type lauré*. Essai monétaire. Pièce de 10 florins
     25 francs, 1867. Or................ FDC. 150   «
1553 5 francs, 1868 et 1870, Paris. 2 p....... FDC. à 7   »
1554 2 francs, 1866, Paris................. FDC.   4   »
1555 Essai d'un franc, 1860. Tranche lisse... FDC. 10   »
1556 Franc, 1863, *à la tête nue*............. FDC.   4   »
1557 Francs, 1866, Paris, et 1868, Strasbourg. FDC. à 2   »
1558 Essai d'un franc, 1866................ FDC. 10   »
1559 50 centimes, *tête non laurée*, 1862...... FDC.   3   »
1560 Essai de 50 centimes, 1864. Tranche lisse. FDC. 10   »
1561 Même pièce courante, 1864, Paris. Tranche
     cannelée........................ FDC.   2   »
1562 Même pièce, 1866, Paris, et 1867, Strasbourg..
                                        FDC. à 2   »
1563 20 centimes, 1861, Paris, et 1867, Strasbourg.
     2 var. de module................. FDC. à 0 75
1564 10 centimes, 1861 à 1865, Paris et Bordeaux...
                                        FDC. à 0 50
1565 5 centimes, 1861 à 1865, Bordeaux, Paris et
     Strasbourg..................... FDC. à 0 30
1566 2 et 1 centimes, 1861 à 1865 et 1870, Bordeaux,
     Paris et Strasbourg............... FDC. à 0 20
1567 Canal de Suez. 50 et 20 centimes, 1865. Lait. B. à 1   »
1567 *bis*. — 1 franc. Laiton............... B.   2   »

1568 Pièce au module de 5 francs. Tête laurée à g.
    ℞. Dans une couronne : FINIS GERMANIÆ
    1870. Arg. Tranche cannelée .... FDC.   20   »

Troisième République (1870-1903).

Gouv^t de la Défense nationale (sept. 1870-fév. 1871).

1569 Essai de Barre. Avers du n° 1188. ℞. MODULE
    DE LA PIÈCE DE 1 FRANC. Br ..... TB.   5   »
1570 5 francs à la tête de Cérès, Paris, 1870 (octobre).
                                        FDC.   10   »
1571 5 francs, à l'Hercule, Paris, 1870 (novembre)..
                                        FDC.   10   »
1572 2 francs, Paris, 1870 (octobre) .... TB.   3 50
1573 10 centimes, Paris, 1870 (13 décembre). FDC.   0 50

*Délégation du Gouv^t à Tours et à Bordeaux
(12 sept.-déc. 1870).*

1574 5 francs à la tête de Cérès, Bordeaux, 1870
    (octobre). Différent : ancre et croix de Saint-
    Maurice .... FDC.   15   »
1575 5 francs à la tête de Cérès, Bordeaux, 1870
    (décembre). Différent : étoile .... FDC.   10   »

L'Assemblée nationale à Bordeaux (1871).

1576 5 francs, Bordeaux, 1871 (février). Types et dif-
    férents du n° 1574 .... FDC.   10   »

Commune de Paris (18 mars-29 mai 1871).

1577 5 francs à l'Hercule. Différent : trident et ancre.
                                TB. 10. — FDC.   15   »

Gouvernement régulier rétabli.

1578 5 francs à l'Hercule, Bordeaux, 1871... FDC.   10   »

1579 5 francs à l'Hercule, Paris, 1872........ FDC.   9   »
1580 2 francs, Paris, 1871. Type du nº 1574.. FDC.   3 50
1581 Francs, 1871 et 1872, Paris. 2 p........ FDC. à 2   »
1582 50 centimes, 1871 et 1872, Paris, 2 p... FDC. à 1   »
1583 10 et 5 centimes. Paris, 1871 à 1897.... FDC. à » 30
1584 Centimes de 1872 à 1897.............. FDC. à 0 10
1585 Essai de 20 centimes, 1881. Nickel dodécagonale.
                                           FDC.   4   »
1586 Essai de 5 centimes, 1881.   —   FDC.   3   »
1587 2 et 1 francs et 50 cent., 1898.. Ensemble FDC.   5   »
1588 10, 5, 2 et 1 centimes, 1898... Ensemble FDC.   0 75

Colonies et pays de protectorat.

1589 Cochinchine. 50 cents, 1879. Argent.... FDC.   3   »
1590 —   20 cents, 1879. Argent.......... FDC.   2   »
1591 —   10 cents, 1879 et 1884. Argent. 2 p. FDC. à 1   »
1592 —   Cents, 1879 et 1885. Cuivre.... 2 p. TB. à 0 50
1593 —   Sapèque au 5ᵉ de cent, 1879....... TB. à 0 30
1594 Indo-Chine. Piastre de commerce, 1886. FDC.   10   »
1595 —   20 cents, 1894. Argent........... FDC.   2 50
1596 —   10 cents, 1885, 1892 et 1893. Arg. FDC. à 1   »
1597 —   Cents, 1885 à 1889, 1892 et 1894. Cuivre.
                                           FDC. à 0 50
1598 —   Sapèque, 1888. Cuivre............ TB.   0 50
1599 —   1 cent, 1896. Pièce perforée. Br... FDC.   1 50
1600 Cambodge. Norodom I. 50 et 25 cent., 1860. Arg.
                                           TB. à 2   »
1600 bis. — Le même, 25 cent. Laiton........ TB.   2 50
1601 —   Le même, 10 et 5 centimes, 1860.. FDC. à 1   »
1602 Grand-Bassam et Lahou. Manilles en forme de
        bracelets. 2 var. valant 20 et 10 cent... TB. à 5   »
1603 Cauris. Coquille univalve adoptée depuis long-
        temps comme monnaie courante dans les
        transactions entre les indigènes du golfe de
        Bénin.............................. TB.   1   »
1604 Tunisie. 10 et 5 centimes, 1891.......... TB. à 1   »

1605 Ile de la Réunion. Bons pour 1 franc et 50 centimes, 1896 . . . . Ensemble FDC.   7   »
1606 Martinique. Bons pour 1 franc et 50 centimes, 1897 . . . . FDC.   5   »

OUVRAGES DE NUMISMATIQUE

1607 *Almanach des Monoies.* Paris, années 1786 et 1787. 2 vol. in-18. Rel . . . . à 10   »
1608 ARNOULT (C.). *Monnayage national. Atelier d'Orléans.* Orléans, 1898, in-8°. Br. Tiré à 100 exemplaires   4   »
1609 BARTHÉLEMY (A. de). *Nouveau manuel de numismatique ancienne.* Paris, 1890, in-18, avec atlas de 12 pl. Br   5   »
1610 BOIZARD. *Traité des monnoyes, augmenté d'un traité pour l'instruction des monoyeurs.* Paris, 1711, 2 vol. in-12, avec pl. Belle reliure en veau   10   »
1611 CHAUTARD. *Imitation de quelques types monétaires propres à la Lorraine et aux pays limitrophes.* Nancy, 1872, in-8° avec 15 pl. Br   6   »
1612 COMBROUSE (G.). *Décaméron numismatique.* Paris, 1844, in-4°. Rel   18   »
1613 DENIS (A.). *Essai sur la numismatique de la partie de la Champagne représentée par le département de la Marne.* Châlons-sur-Marne, 1872, in-8°, 8 pl. Br 3 50
1614 DEWAMIN. *Monnaies françaises (1789-1889).* Collection vendue en 1901. Catalogue in-8° avec 4 pl. et liste des prix. Br   12   »
1615 FAIVRE. *État actuel des ateliers monétaires et de leurs différents.* Paris, 1895 et 1897. 2ᵉ édition avec supplément, in-8°. Br   4   »

1616 FILLON (B.). *Considération historique et artis-
tique sur les monnaies de France.* Fontenay,
1851, in-8°, 10 pl. Br...................... 5 »

1617 FLORANGE (J.). *Monnaies, médailles et jetons
relatifs à la Lorraine,* Paris, 1894, in-8°.
Catalogue de la collection Florange, avec
vignettes dans le texte et prix marqués. Br.. 3 »

1618 — Badonviller. *Atelier monétaire des
comtes et princes de Salm.* Paris, 1893, in-8°,
avec vignettes dans le texte et tableau généa-
logique. Br.............................. 1 50

1619 — *Médailles et jetons des comtes et
princes de Salm.* Paris, 1895, in-8°, avec
vignettes dans le texte Br................ 1 50

1620 — *Souvenirs numismatiques du tir fran-
çais avant 1789.* Paris, 1899, in-4° sur Van
Gelder, avec 60 vignettes et 8 planches. Br.
Tirage à petit nombre.................... 20 »

1621 — *Armorial du Jetonophile.* Guide de
l'amateur des jetons armoriés. Paris, 1902,
in-8° avec 122 vignettes. Br.............. 15 »

1622 FONTENAY. *Manuel de l'amateur de jetons.* Paris,
1854, in-8° avec nombreuses vignettes. Rel.. 25 »

1623 HEYDEN (H. von). *Décorations civiles et mili-
taires françaises et belges* (texte allemand).
Francfort, 1903, gr. in-8°. Rel............ 10 »

1624 LONGPÉRIER. *Notice de monnaies françaises com-
prenant la collection Rousseau.* Paris, 1848,
in-8° avec 9 pl. et vignettes. Br........... 5 »

1625 MONNIER. *Monnaies, médailles et jetons de la
Lorraine.* Paris, 1874, in-8° avec prix annotés.
Br .... 5 »

1626 POEY D'AVANT. *Description des monnaies sei-
gneuriales françaises.* Fontenay, 1853, fort
in-4°, 26 pl. Rel......................... 18 »

1627 — *Monnaies féodales de France.* Paris,
1858-62, 3 vol. in-4°, 163 pl. Rel......... 90 »

1628 Robert (Ch.). *Numismatique de Cambrai.*
Paris, 1861, fort in-4°, 56 pl. Rel...........   18   »

1629   —   *Sigillographie de Toul.* Paris, 1868,
fort in-4°, 41 pl. Br....................   10   »

1630   —   *Description de sa collection numismatique* (Lorraine, Barrois, etc.). Paris, 1886,
avec nombreuses vignettes et 14 pl. Br......   8   »

1631 Saulcy. *Recherches sur les monnaies des
évêques de Metz.* Metz, 1833, in-8°, 3 pl. Br.   6   »

1632 Schoen. *Monnaies françaises de Charlemagne à
nos jours.* Catalogue de vente de 1900, avec
4 pl. et liste des prix. Br.................   8   »

1633 Médaillier en bois peint en noir. 8 tiroirs avec
cartons. 58 cent. de hauteur×53 cent. de
largeur×31 cent. de profondeur...........   40   »

1634 Joli médaillier en acajou. 20 tiroirs avec cartons.
93 cent. de hauteur×60 cent. de largeur ×
29 cent. de profondeur...................   150   »

MACON, PROTAT FRÈRES, IMPRIMEURS.

9 782329 697024